安齋　耀太・著

ドイツの庇護権と難民問題

三重大学出版会

序文

政治的に迫害された人々の庇護を求める基本権に上限はありません。この権利は、内戦という地獄から私たちのところに来る難民にも適用されます。（PR Online (2015/9/11)）

これは、ドイツの首相アンゲラ・メルケルが、ドイツの地方紙「ライニッシェ・ポスト」のインタビューにおいておこなった発言だ。当時、ドイツだけでなく、ヨーロッパの多くの国々が、大量の難民の到来という混乱の渦中にいた。二〇一五年の「ヨーロッパ難民危機」と呼ばれる現象である。この年、約百万人ともいわれる難民・移民が中東やアフリカからヨーロッパ流入した。多くの国が流入した難民を受け入れることに躊躇するなか、シリア難民を上限なく受け入れることを表明したのがドイツだった。

メルケルが難民を受け入れる根拠に用いたものが、この発言にある「政治的に迫害された人々の庇護を求める基本権」だ。これは、ドイツの事実上の憲法である「ドイツ連邦共和国基本法」（以下、「基本法」）に規定された、庇護権という権利を指している。

基本法の庇護権に関する条文は次のとおりだ。

政治的に迫害された者は、庇護権を享受する。

この庇護権によって、ドイツという国家は、難民を保護するという責務を自認し、実際に先進国の中でも特に多くの難民を受け入れてきた。では、この庇護権という権利はどのように誕生したのだろうか。本書ではこの問いについて考えていく。

凡例

・本書『ドイツの庇護権と難民問題』は、筆者が東京大学大学院総合文化研究科に提出した修士論文「庇護権と国民国家の社会学――ドイツ連邦共和国の庇護政策の起源――」を加筆・修正したものである。

・本書の一部は同時に、科学研究費補助金（特別研究員奨励費、二〇一六～二〇一八年度、研究課題名：「庇護権と国民国家の歴史社会学的研究――戦後西ドイツの庇護政策の起源――」、[JSPS KAKENHI Grant Number JP 16J00486]）による研究成果である。

・第三章「両義的な庇護権として――基本法制定過程の再検討――」は、論文「ドイツ連邦共和国における庇護権の誕生――外国人の権利とドイツ人の権利――」（『難民研究ジャーナル』第六号（二〇一六年）所収）を加筆・修正したものである。この論文は、二〇一五年第三回若手難民研究者奨励賞による研究助成の成果論文である。

・引用文中の角括弧による補足、太字による強調は全て引用者による。また、引用文中の省略記号として「……」を用いる。

・記述を簡素化するために適宜略語を用いた。略語一覧を参照せよ。

図表一覧

略語一覧

ただし、本文中で説明したものを除く。

・AfD (Alternative für Deutschland)　ドイツのための代替案（政党の名称）
・Bd. (Band)　巻
・BGBl. (Bundesgesetzblatt)　『連邦法令公報』（一次資料）
・BT-PP (Plenarprotokoll des Bundestages)　『連邦議会本会議議事録』（一次資料）
・BverfGE (Entscheidung des Bundesverfassungsgerichts)　連邦憲法裁判所決定（一次資料）
・CDU (Christlich-Demokratische Union Deutschlands)　ドイツ・キリスト教民主同盟（政党の名称）
・CSU (Christlich-Soziale Union in Bayern)　バイエルン・キリスト教社会同盟（政党の名称）
・EC (European Community)　ヨーロッパ共同体
・EU (European Union)　ヨーロッパ連合
・FDP (Freie Demokratische Partei)　自由民主党（政党の名称）

- PR (Der Parlamentarische Rat 1948-1949: Akten und Protokolle)　『議会内評議会 1948-1949: 文書と議事録』（一次資料）
- SJ (Statistisches Jahrbuch für die Bundesrepublik Deutschland)　『ドイツ連邦共和国統計年報』（一次資料）
- SPD (Sozialdemokratische Partei Deutschlands)　ドイツ社会民主党（政党の名称）
- UNHCR (United Nations High Commissioner for Refugees)　国連難民高等弁務官事務所
- WAV (Wirtschaftliche Aufbau-Vereinigung)　経済構造連合（政党の名称）
- WP (Wahlperiode)　会期

本書における「ドイツ」について

第二次世界大戦後、旧ドイツ帝国領土は、連合国によって、大別すると三つの領域に分割された（図1）。一九四九年以降、この三つの領域はそれぞれ異なる運命を辿ることとなった。第三章および第四章の議論はこの地理関係が重要な前提となるので、適宜このページに戻って確認してほしい。

最も西側（図1左側）に位置するアメリカ・イギリス・フランスの占領統治地域はドイツ連邦共和国となる。ただし、ザールラントは依然としてフランスの占領下に置かれ、一九五七年にドイツ連邦共和国の一部となった。

三国占領域の東隣（図1中央）に位置するソヴィエト連邦占領地域はドイツ民主共和国となる。一九九〇年のドイツ統一の後はドイツ連邦共和国の一部となった。この領域は西ドイツの人々から「東方地域（Ostzone）」と呼ばれていた。

最後に、ソヴィエト連邦とポーランドの管理下にあった最東端の領土（図1右側）は、分割以降遂にドイツ領土に戻らなかった。この領域は「東方領土（Ostgebiete）」と呼ばれた。「東方地域」と「東方領土」は紛らわしいので特に注意してほしい。

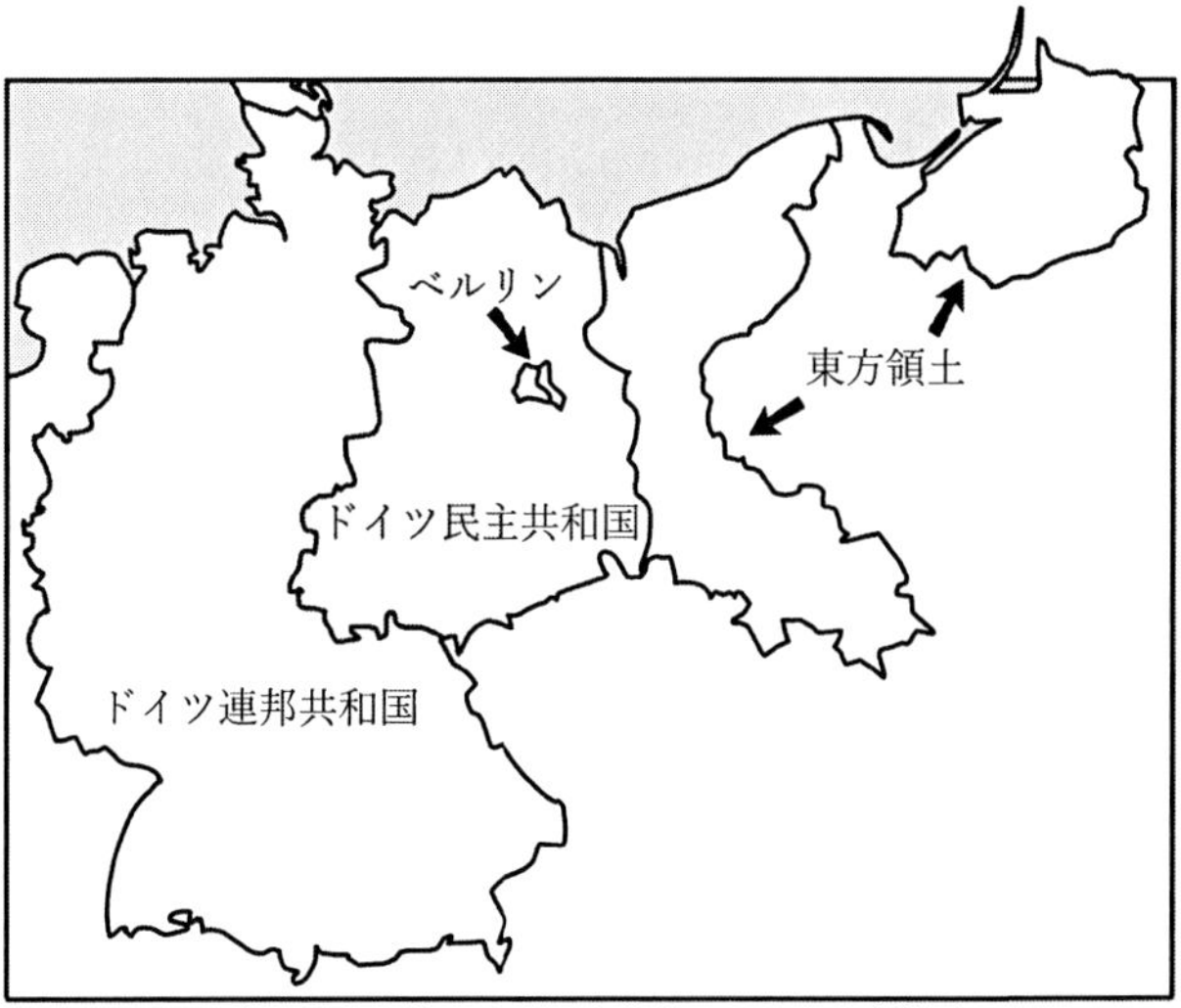

図 1. 旧ドイツ帝国領土の第二次世界大戦後における分割統治

[原題："Deutschland in den Grenzen vom 31.12.1937 a) Verwaltungsgliederung nach dem Stand vom 31.12.1952"]
(Statistisches Jahrbuch für die Bundesrepublik Deutschland (Band 1954) S. 2 より筆者作成)

図2のとおり、本書では、「西ドイツ」という語を、統一前までのドイツ連邦共和国およびその前身となった西側諸国占領地域を指す語として用いる。また、「東ドイツ」という語を、ドイツ民主共和国およびその前身となったソヴィエト連邦占領地域を指す語として用いる。

「ドイツ」という語は、上述の三部からなる旧ドイツ帝国領土全体を指すこともあれば、最東端の部分を除いた――すなわち一九九〇年以降ドイツ連邦共和国となる――部分を指すこともある。

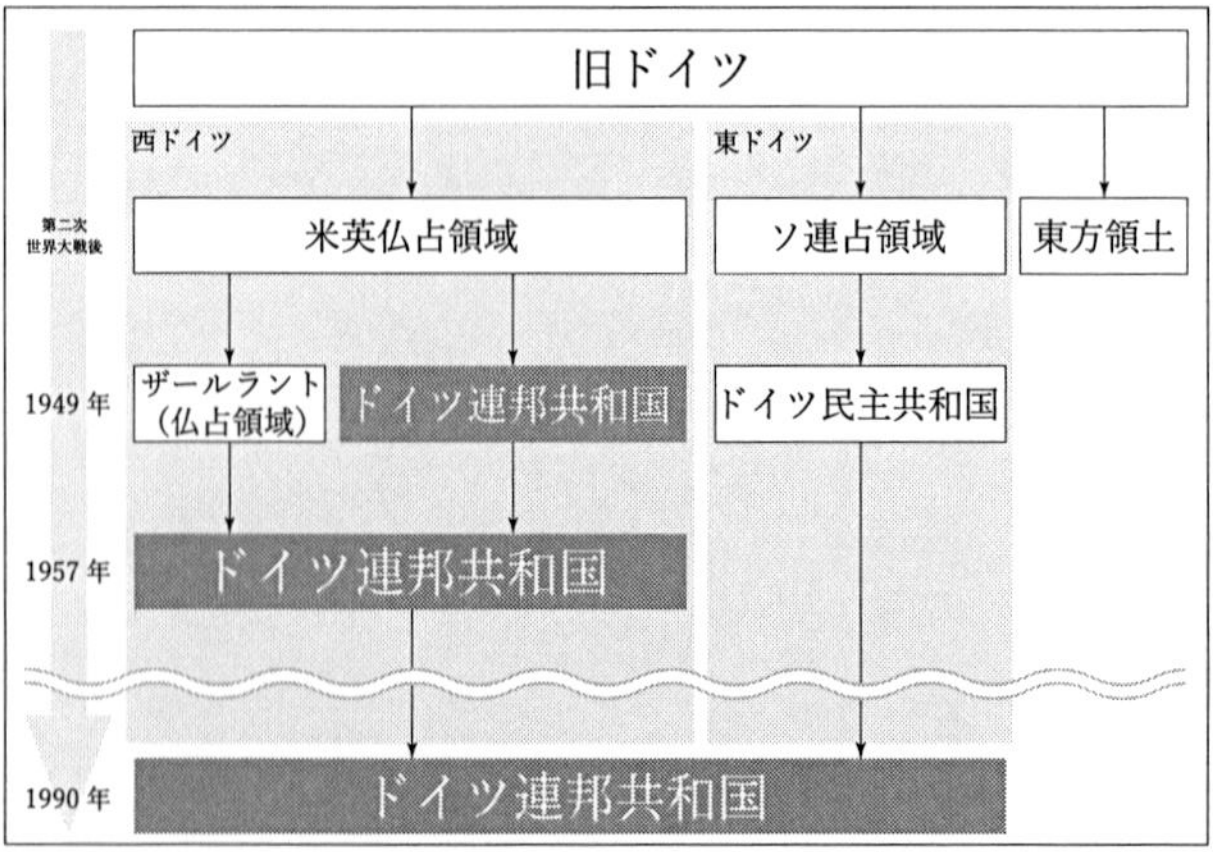

図 2. 旧ドイツの第二次世界大戦後の変遷

目次

第一章　ドイツ連邦共和国基本法の庇護権はいかに生まれたか

難民の権利としての庇護権

政治的に迫害された者は、庇護権を享受する。

序文でも触れたように、ドイツは、その事実上の憲法である基本法で、庇護権という権利を規定している[一]。一九四九年から存在するこの基本法の規定は、現在のドイツにおいても、難民保護の理念として重要な意義をもっている。ドイツ連邦共和国は、庇護権を基本法に規定することによって、ドイツ国内に避難する政治的に迫害された者——おおまかに言えば「難民」——が保護される権利を持つことを、逆に言うと、自らが彼らを保護する責務をもつことを積極的に認めてきた。

では、この基本法上の庇護権はどのように誕生したのだろうか。

まず、先行研究がこの問いに対してどのように答えてきたのかを見ていこう。

一　現行の基本法では、第一六a条第一項。基本法の成立した一九四九年から改正された一九九三年までは、第一六条第二項第二文。

庇護権に関する先行研究は、①法概念論的アプローチと②歴史的アプローチの二つに大別できる。以下では、ドイツの庇護権を扱ったものに限って、この各々について見ていく。

先行研究①　法概念論的アプローチ

法概念論的アプローチは、「庇護権とは何か」「庇護権はどうあるべきか」といった問題を扱う。具体的には、「庇護が与えられる者とは、いかなる範囲の個人をいうのか」「国家が個人に与える庇護は、いかなる保護をその内容としてもつのか」などを論点とする（島田一九八三年八五頁）。

この一環として、庇護権をさまざまな根拠によって基礎づける議論がなされてきた。すなわち、「なぜ庇護権は法として認められているのか／認められるべきなのか」という問題が考察されてきた。この問いへの回答として、庇護権の前提には、例えば人権（Seeger 1969, Marx 1984）や人道主義（Sachs 2003: 689）などがあると指摘されている。すなわち、庇護権は、人権の一つであるから、あるいは人道主義の観点から重要であるから、法として正当化されるという論理である。

法概念論的アプローチは、その性質上、庇護権の理論的根拠を追究する。それゆえ、実際にはどのように庇護権が一つの社会的事象として現れたのかという問題については、ほとんど関心を払ってこなかった。しかし、実際の政治では、人権・人道主義などの理念がそのまま受け入れられるとは限らない。例えば国家の利益という観点からこれらの理念が否定されることもある。それゆえ、いかにしてドイツで庇護権が誕生したのかを考察するためには、法概念論的アプローチによって提示されたような人権・人道主義といった根拠が、どのような場面で、あるいはどのような文脈で援用されたのかを考察する必要がある。

先行研究②　歴史的アプローチ

歴史的アプローチとは、庇護権の成立・展開を歴史的に説明する研究であり、主に法制史学・歴史学・歴史社会学などの領域で行われる。ドイツにおける庇護権あるいはそこから派生した庇護制度の歴史に関する研究は膨大な数にのぼる。[二]

歴史的アプローチの一部として、基本法上の庇護権がいかに成立したのかを扱う研究群も存在

二　近年の日本での研究として昔農（二〇一四）がある。

する。これらの研究は、基本法上の庇護権の成立に関して、一貫した説明を行っている。それは、「ナチスの行った迫害政策に対する反省によって庇護権が成立した」というものである。これについて次節で見ていこう。

「反省からの寛容」論

基本法における庇護権の保障は、国家社会主義という過去の恐ろしい時代に対するリアクションである。（Münch 1993: 17）

ここに書かれている「国家社会主義」とは、「国家社会主義ドイツ労働者党」すなわちナチスによる支配のことを指している。この党は、一九三三年に党首であるアドルフ・ヒトラーが首相になったことで政権与党となり、同年の全権委任法などによって一党独裁体制を作りあげた。この支配は第二次世界大戦下の一九四五年にヒトラー政権が降伏するまで存続した。

引用したとおり、ミュンヒは、このナチス期に対するリアクションとして、基本法上の庇護権が成立したと説明している。このような、ドイツ連邦共和国における庇護権の成立に関する見解は、非常に広く受け入れられている。他にもいくつかの例を挙げておこう。

基本法第一六条は――基本法全体以上に――国家社会主義の経験に対するドイツ人の歴史的な回答だった。(Bade 1994: 94)。

基本法の成立史に関する多くの文献から、次のことは明らかである。一九四八年に採用された庇護付与の形式は、確かに議会内評議会のメンバーの国家社会主義独裁との個人的な経験に起因しており、それゆえ憲法の父と母は自覚的に寛容な庇護のルールを定めた。(Poutrus 2019: 23)。

この引用部に登場する「議会内評議会」は、後にも詳述するが、基本法の条文を審議した会議の名前である。すなわち、「議会内評議会のメンバー」とは基本法の条文をつくった人たちのことを指しており、ここでは「憲法の父と母」とも言い換えられている。

このように、基本法上の庇護権に関して、「ナチスに対する反省によって庇護権が成立した」

という見解が非常に広く受け入れられている。本書では庇護権の成立に関するこのような説明を、「反省からの寛容」論と呼ぶことにする。

「反省からの寛容」論の論拠

「反省からの寛容」論の論拠は、主に次の二点に求められる。

一つは、基本法の内容について審議し決定を下した議会内評議会に参加したメンバーの多くがナチス政権下で迫害を受け、またその一部が他国に逃れて庇護を受けた経験をもったというものだ。例えば、メンバーの一人であるフリードリヒ・ヴィルヘルム・ヴァーグナーは、ナチスが政権を獲得した一九三三年から第二次世界大戦が終わるまで、フランスやアメリカに逃れていた。

もう一つの論拠は、上述の議会内評議会において、庇護権の原理として寛容さが掲げられ、それが受け入れられたというものだ。この主張を支持するものとして、議会内評議会におけるカーロ・シュミットの発言が頻繁に引用される。

庇護権は常に寛容さの問題であり、寛容であろうとするならば場合によっては人を見誤っ

ていたというリスクを負わねばならない。(PR, Bd. 14, Nr. 18, S. 540)

なぜ「反省からの寛容」論は受け入れられるのか

上述の論拠とは別に、「反省からの寛容」論が広く受け入れられているドイツ特有の事情があると考えられる。それは、ドイツ連邦共和国の歩んで来た戦後史に大きく関わっている。ドイツ連邦共和国は、建国の当初から(もっと言えば建国の前から)ナチスの行ってきた数々の残虐な出来事を清算しようと試みてきた。ドイツ連邦共和国の行った一連の試みは、「過去の克服」という、戦後ドイツの一大政治プロジェクトとして知られている。

「過去の克服」とは、「ヒトラー支配下のドイツ、つまりナチ・ドイツの暴力支配がもたらしたおぞましい帰結にたいする戦後ドイツのさまざまな取り組みを総称する言葉」であり、「これらの取り組みは、……全体として戦後ドイツの民主主義を育み、ナチ時代の「負の遺産」の清算に寄与してきた」(石田 二〇〇二年 七頁)。

基本法上の庇護権の規定は、この取り組みの一環として理解される。

基本法の根底にはナチ時代にユダヤ人などさまざまな集団を差別・虐待し、人権を蹂躙したことへの真摯な反省がある。基本権の体系が第一章に配置され、他の章でもその保護規定が盛り込まれたのはそのあらわれである。生命および身体を害されない権利、あらゆる差別の禁止、強制労働の禁止、政治的被迫害者の庇護権など、すべての基本権体系は、「立法、行政、司法を拘束する」とされた。（石田　二〇〇二年　八七頁）

このような一連の出来事が、歴史を分析し記述するうえでの強力なコンテクストとして機能している。

「反省からの寛容」論の問題点

このように、「反省からの寛容」論は、非常に広く受け入れられている。しかし、この説明様式は、ある方法論上の問題点を抱えている。そして、それ故に（本書の結論を先んじて述べてしまうと）庇護権の成立過程について、一面的な捉え方しか提示できていない。

「反省からの寛容」論の問題点は、史料を分析する際に分析者が「法的に正しい／法的に誤っている」という判断を暗黙のうちに行っていることにある。そして、この暗黙の判断によって、基本法上の庇護権の成立史を記述する際に、法的に正しいものが生き残って基本法上の庇護権として結実し、逆に法的に誤っているものは消滅したという歴史の流れを暗黙裏に作ってしまっている。

具体的に説明しよう。ここにいう「法的に正しいもの」とは、「外国人が庇護権を享受する」という解釈である。対して、「法的に誤ったもの」とは、「（外国人ではなく）ドイツ人が庇護権を享受する」という解釈である。本書では、前者を「外国人の権利」説、後者を「ドイツ人の権利」説と呼ぶ。

確かに、法的な考え方では、「ドイツ人の権利」説は誤っており、「外国人の権利」説が正しい。すなわち、庇護権をもちうるのは外国人であり、自国民は庇護権をもつことはない。なぜなら、自国民は庇護権という法的根拠に依らなくとも、憲法上で保障される他の権利によって保護されるからだ。

「外国人の権利」説が法的に正しく、「ドイツ人の権利」説は法的に誤っているという判断が史料の分析の際に暗黙のうちになされることによって、例えば次のような理解が生まれている。

もっとも、ハインリヒ・フォン・ブレンターノ（CDU）は、庇護権の第二読会において、……外国にいる迫害されたドイツ人を考慮にいれた基本法の庇護規定の変更案を出した。ブレンターノのこの異論はもはや憲法の条文に受け入れられなかった。なぜなら、基本法の草案によれば、庇護権がなくともドイツ国籍をもつ人には追放禁止があり、それゆえに連邦共和国で庇護を求めたとしてもそれはドイツ人にとって意味をなさないからである。(Poutrus 2019: 24)

ここでは、「庇護権がなくともドイツ国籍をもつ人には追放禁止があり、それゆえに連邦共和国で庇護を求めたとしてもそれはドイツ人にとって意味をなさないから」、「ドイツ人の権利」説は「憲法の条文に受け入れられなかった」と記述されている。

確かに、史料に登場する政治家たちは、その議論の場において、「法的に正しい／法的に誤っている」という判断を行うこともあった。実際、史料のなかにも「外国人の権利」説が法的に正しく、「ドイツ人の権利」説が法的に誤っているという整理がなされる場面が存在する。

しかし、庇護権の成立史を記述する際に史料のなかに現れるその法的な整理を受け入れてしまうことによって、法的に正しい「外国人の権利」説の意義を過大評価し、逆に法的に誤っている

「ドイツ人の権利」説を過小評価するという帰結が生まれている。

「反省からの寛容」論は、その帰結の一つである。もし仮に庇護権の成立過程において「ドイツ人の権利」説が大きな意義をもっていたのだとすれば、それは明らかにナショナリスティックな利害関心のもとで庇護権が構想されたことを意味する。ここからは「反省からの寛容」という物語をつくることはできない。

庇護権のもう一つの成立史

「法的に正しい／誤っている」という判断を史料解釈の際に暗黙裡に分析者がおこなっているという、先行研究の抱えるこの問題点をなくすため、本書ではレトリックに着目する。すなわち、政治家たちの会議の場でどのようなレトリックが用いられ、そのレトリックによって庇護権が正当化され（あるいは否定され）、そのレトリックによる正当化（あるいは否定）という行為はどのような社会的背景のもとでなされたのかを分析する。これによって、「法的に正しい／法的に誤っている」という判断を保留しながら、庇護権の成立過程を記述することを試みる。

結論を先に述べてしまうと、本書の分析によって、「反省からの寛容」論とは異なる、もう一つの庇護権の成立史が明らかになる。

この「もう一つの成立史」とは、端的に説明すると、基本法の内容を審議する議会内評議会の始まった一九四八年から、一九四九年の基本法成立を経て、さらに一九五〇年代にかけて、寛容さに基づく「外国人の権利としての庇護権」とナショナリスティックな動機に基づく「ドイツ人の権利としての庇護権」とが対抗しつつも、最終的には「外国人の権利」に収束するというダイナミズムである。

この「もう一つの成立史」は、ある意味で「反省からの寛容」論に対する反論である。なぜならば、ここでは「ドイツ人が庇護権を享受するべき」という考え方が重要な意味をもっていたことが示されるが、この考え方は明らかに他者への寛容とは無関係だからだ。

しかし、本書は「反省からの寛容」論を完全に否定するものではない。それは二つの理由による。

一つは、既に多くの先行研究が指摘しているように、庇護権が寛容さという理念に基づいているという見解もまた、基本法の内容を審議した議会内評議会において、意義を果たしたことは間違いないからだ。

もう一つの理由は、本書において分析した史料の制約による。本書の根拠は、あくまで議会内評議会および連邦議会の議事録という資料だ。ともすれば、ナチスに対する反省という側面から庇護権を支持する発言があったが議事録に記載されなかったのかもしれない。あるいは、本書で扱っていない資料にはこのような発言があるのかもしれない。あるいは、直接的な言明はなくとも、心の中で想起されていたかもしれない。本書の分析ではこれらの可能性を排除することはできない。

本書の構成

それでは、本書の構成を示す。

第二章では、本書の考察の対象である庇護権について説明する。ドイツ連邦共和国において事実上の憲法たる基本法に規定された庇護権が、「外国人の権利」であるという点で、非常に特異なものであることが示される。

第三章では、基本法の内容を審議し決定した議会内評議会において、庇護権がどのように議論されたのかを見ていく。これによって、庇護権が両義的に扱われたことが確認される。すなわち、一方で庇護権は国際法に基づく寛容な権利として扱われたが、他方では同胞であるドイツ人を救うための権利として議論された。

次に、第四章では、この両義的な庇護権が、「外国人の権利」に収束する過程が、ドイツ連邦共和国の建国後に始まった連邦議会での議論に即して記述される。初期の連邦議会では共産主義圏から逃れてくるドイツ人を保護するための法理として庇護権が援用されていたが、一九五三年を大きな転換点として、庇護権が外国人の難民を保護する法理へと変質していく。すなわち、庇護権は、当初から他者への寛容さを十全に兼ね備えた権利だったわけではなく、徐々にそのようなものへと変わっていったのだ。

最後に、結章では、現代に目を向ける。二〇一五年に起きた欧州難民危機に際して、ドイツはメルケル首相のリーダーシップの下、無制限にシリア難民を受け入れることを決めた。その際に援用されたものが、本書のテーマでもある庇護権だ。庇護権の昔と今を繋げながら、ドイツや庇護権には常に他者への寛容さと自己の防衛という両義性がつきまとっていることを論じる。

第二章　庇護権について

庇護権の起源

基本法上の庇護権を見る前に、まずは庇護権の起源について理解しよう。

庇護権は、ドイツ語では「Asylrecht」、英語では「Right of Asylum」と書く。「アジール（Asyl）」あるいはアサイラム（Asylum）」は、本来「避難所」「聖域」を意味する、空間的な含意をもった語である。古くは古代ギリシア語に遡り、そのなかに人が逃げ込んだ場合にその人と外部との関係が切断されるような空間を指していた。具体的には神殿や寺院などで、例えば奴隷が逃げ込んだ場合には、その主人との所有／被所有の関係がなくなるとされた。

このアジールまたはアサイラムが近代法の中に取り込まれた契機が、フランス革命期の一七九三年に制定されたフランス憲法とされている。[一]

一　これ以降の近代法において扱われるアジールまたはアサイラムは、「庇護」という訳語が充てられることが多いので、本書ではこの訳語を一貫して用いることにする。他方で、この語は精神医学の領域で「隔離病棟」を示すものとして使われることがある。特に社会学の世界では、ミシェル・フーコーの『古典主義時代における狂気の歴史』第三部第四章の章題「アジールの誕生」（Foucault 1972）や、アーヴィング・ゴフマンの研究『アサイラム——精神病患者と他の収容者の社会的状況に関する諸論文』（邦題『アサイラム——施設被収容者の日常世界』）（Goffman 1961）として知られている。

フランス一七九三年憲法には次のような条文があった。

フランス人民は自由のために祖国から追放された外国人に庇護を与える。（フランス一七九三年憲法第一二〇条第一文）

これは、この時期に各国で、フランス革命に同調して自由主義を掲げて政治活動を行った人々が迫害されたことを背景に、彼らを自由という理念を共有する同胞として受け入れることを謳った条項である。[二]

その後、一九世紀、二つの世界大戦を経て、難民問題が国際的な関心を集めるようになったのち、再び庇護権が近代法のなかに現れることになる。

二　しかし、結局この憲法は施行されずに終わった。

国際法における庇護権

第二次世界大戦後の国際法において庇護権が現れるその発端が、一九四八年に国際連合総会で採択された世界人権宣言である。そのなかで、以下のように庇護権が謳われている。

全ての人は、他国において庇護を求め享受する権利を享受する。（世界人権宣言第一四条第一項）

しかし、世界人権宣言でこのように謳われたものの、一九五一年の難民の地位に関する条約や一九六七年の難民の地位に関する議定書といった難民に関する法規[三]、一九六六年の国際人権規約といった人権に関する国際法規など、その後に制定された国際法規に庇護権が条項として現れることはなかった。

三　一九五一年の難民の地位に関する条約と一九六七年の難民の地位に関する条約を、本書では以下それぞれ「難民条約」「難民議定書」と記す。ただし、難民議定書は難民条約に課されていた一部の制限を外す趣旨で制定されたものであるため、難民議定書によって制限の外された難民条約を「難民条約」と記す場合もある。

唯一、一九六七年の領域内庇護宣言において、庇護の付与が国家の主権の行使においてなされる行為であり、他国はそれを尊重すべきであるということが、確認されたのみである。

このような庇護あるいは庇護権に関する国際法規は、庇護権を「個人の他国に庇護を求める権利」とする考え方と、「国家の個人に庇護を与える権利」とする考え方の緊張関係をもとに発展してきたとされる。最終的には、庇護の付与は各国の主権に基づく権限のうちにあるとされ、個人の権利とする見方は否定されることとなった（本間　二〇〇五年　四二～四三頁）。

ドイツ連邦共和国における庇護制度の出発点としての庇護権

だが、基本法上の庇護権は、このような国際法上の庇護権とは異なるものと考えられている。既に何回か見たとおり、ドイツ連邦共和国の事実上の憲法である基本法で、庇護権が規定されている。

政治的に迫害された者は庇護権を享受する。

この権利はドイツ連邦共和国の建国当時から存在する。基本法が制定されたのは一九四九年であり、時代的には界人権宣言（一九四八年）と難民条約（一九五一年）の間である。[四]

その後、ドイツ連邦共和国では一九五三年に現在の庇護制度の原型がつくられた。この年には庇護制度の発展に関わる重大な三つの出来事が起こっている。まず、難民条約の批准である。次に、庇護手続きを所管する連邦外国人難民認定局の設置である。この機関は、その後に連邦外国人難民認定庁となり、現在では連邦移民難民庁としてドイツの移民制度・難民制度を管轄している。

そして、三つめが「外国人難民の認定と分担に関する法令」（別名「庇護法令」）の発布である。[五]難民条約を国内で実施するために発布されたこの法令において、初めてドイツ連邦共和国

四　なお、ドイツ連邦共和国基本法と同年に制定されたドイツ民主共和国憲法では、制定当時には庇護条項が置かれず、一九六八年の全面改正時に初めて規定された。ソヴィエト連邦を始めとした東側諸国の憲法はすでに庇護条項を定めており、ドイツ民主共和国憲法の規定もこれに倣ったものである（島田　一九八三年　一六一頁以下）。東西ドイツの統一後は、旧ドイツ民主共和国圏もドイツ連邦共和国基本法の効力の下に置かれるようになった。

五　「法令」とは、議会の制定する「法律」とは異なり、特別な権限を与えられた主体（この場合は政府）がその授権の範囲内において議会の承認を経ずに制定する法的効力をもった命令のことである。

における庇護制度の原則が明文化された。
庇護法令の前文にはこの法令の目的が記されている。

一九五一年七月二八日の難民の法的地位に関する条約に従って連邦領土内において法的地位を有する外国人の難民に、庇護権を与える前提をつくるため、連邦政府は連邦参議院の同意を得て、ドイツ連邦共和国基本法第一一九条に基づき、法的効力をもって以下のことを命ずる。（BGBl. 1953 I: 3）

前文の前半部からもわかるとおり、この法令は難民条約で定義された外国人の難民に基本法上の庇護権を認めることを最終的な目的として発布された。これがドイツ連邦共和国の難民庇護制度の始まりである。

ドイツ連邦共和国における庇護制度の発展

庇護法令を契機に、ドイツ連邦共和国の庇護制度が整備されていくことになる。この流れについて軽く押さえておこう。

まず、一九六五年には外国人法が制定され、庇護法令の内容はこのなかに吸収された。一九七三年のオイルショックを契機に不況や失業率の上昇などが生じたことで、ドイツは外国人労働者の受け入れを停止した。すると、難民庇護制度を利用してドイツに滞在しようとする人々が増加し、いわゆる「経済難民」による庇護制度の濫用が問題となった。この問題に対応するため、一九七八年に庇護手続迅速化法が制定され、手続きの簡素化・迅速化が図られた。

一九八二年には旧来の庇護手続をまとめるため、外国人法から庇護手続きに関する規定が切り離されて庇護手続法が成立するが、一九八〇年代前半から一九九〇年代前半にかけてさらに庇護申請数が増加し、今までの方法では手に負えなくなってきたため、一九九三年に改正庇護手続法を制定して、安全な第三国から来た外国人に関しては庇護申請以前の入国審査の段階でふるい落とすなど、抜本的な改革が図られた。

この年には、基本法の庇護権に関する規定も改正された。今まで第一六条第二項第二文に置かれていた庇護権条項は、文言は変わらず、新設された第一六a条第一項に移され、同時に新設された第二項~第五項によって、その庇護権に制限が加えられた。

この制限は、難民の急増に伴って欧州共同体（現在の欧州連合）が協調して難民庇護に取り組

むために一九九〇年に締結されたダブリン条約を背景としている。[六]
二〇〇〇年代に入り、既に受け入れた移民・難民の社会統合が問題になった。これにより、二〇〇四年に、一九六五年以来の外国人法が滞在法として改められた。このときに連邦難民認定庁が連邦移民難民庁に改組され、「統合コース」という移民・難民を対象とした教育プログラムが導入された。
二〇一五年に欧州難民危機が起きると、「庇護パッケージ」と呼ばれる二度の大幅な制度の見直しが行われた。「庇護パッケージⅠ」が二〇一五年、「庇護パッケージⅡ」が二〇一六年である。前者の一環として、従来の庇護手続法が庇護法に改名された。

外国人の権利としての庇護権

さて、基本法上の庇護権の特徴は、国際法規上の庇護権の考え方とは対照的に、それが個人の

六　この条約によって導入されたダブリン・システムの骨子は、ＥＵ（ＥＣ）諸国のどこかの国において庇護申請が申し立てられた場合に、その庇護申請はルールによって決められた一カ国のみが責任を負って審査を行うというものだ。（中坂　二〇一〇　三九頁）

権利として認められている点にある。

基本法の基本権の一覧のなかで、庇護は第一六条第二項第二文に置かれている。「政治的に迫害された者は庇護権を享受する」。この言葉から、基本法が政治的に迫害された者に対して庇護を受ける権利を認めていることが推察される。それゆえ、基本法の意味での庇護権は、国際法の意味での庇護権とは全く異なるものである。支配的な見解に従えば、庇護権は国際法において国家の主権の行使としての法＝権利であるが、ドイツの憲法は庇護を政治的難民の権利として定めた。(Kimminich 1968: 71)

この引用部分に基本法上の庇護権を個人の権利とする考え方が明確に表現されている。そして、その「個人」とは、国民ではなく、外国人である。それは、庇護を受ける人は、庇護を与える国にとっての外国人だからだ（本間 一九八五年 六七頁、Kimminich 1968: 74-77 など）。国民であれば、通常、例えば生存権や移動の自由といった他の権利保障によって保護されるため、庇護権という別種の権利を必要としない。

基本法が庇護権を外国人の権利として定めていることは、「憲法」という観点から見ても、非常に特殊な事態である。なぜならば、ある国家の憲法が、一般的な意味での「人」でも、その国の「国民」でもなく、外国人の権利を定めることはほとんどないからである。例えば、日本国憲法を開いても、外国人の権利として定められているものは一つもない。

憲法が外国人の権利を規定することがほとんどないのは、憲法というものが辿ってきた歴史が関係している。端的に言えば、憲法は歴史上の発展のなかで、「国民」と「(一般的な意味での)人」に対して、権利を保障するようになった。

第一に、憲法はもともと王による圧政によって国民の権利が侵害されることを防ぐために発展した。それゆえ、例えば、憲法の原点に位置づけられる「マグナ・カルタ」(一二一五年)や「権利の章典」(一六八九年)はこのような性質をもっている。

第二に、その後の自然権思想の隆盛により、人間が一般に有する権利、すなわち人権が憲法において保障されるようになった。その例として挙げられるものが、「ヴァージニア権利章典」(一七七六年)、「人間と市民の権利の宣言(フランス人権宣言)」(一七八九年)である。

このように、「政治的に迫害された者は庇護権を享受する」という基本法上の規定は、国際法においては庇護権は主に「国家の権利」と考えられているにもかかわらず、また一国の憲法が外国人の権利を認めることは稀であるにもかかわらず、外国人である個人のもつ権利として庇護権を認めているのだ。

では、この特殊な権利は、なぜ・どのように成立したのだろうか。これを以下の二つの章で見ていくことにする。

第三章　両義的な庇護権として——基本法制定過程の再検討——

ドイツ人のための庇護権？

最初に、ドイツの歴史において、一九四九年のドイツ連邦共和国基本法こそ、庇護権を最初に規定した国家憲法であることを確認したい（Kimminich 1983: 97）。まず、ドイツ連邦共和国基本法に先立つ一九一九年のヴァイマル憲法も、それに先立つ一八七一年ビスマルク帝国憲法も、庇護権の規定を置いていない。また、ドイツ連邦共和国基本法とほぼ同時期に制定されたドイツ民主共和国憲法も制定時には庇護権の規定を置いていない。最後に、ドイツ基本法とほぼ同時期に成立したドイツ国内のいくつかの州憲法も、庇護権には言及していない[一]。それゆえ、ドイツ近代法における庇護権の成立を問うには、ドイツ連邦共和国基本法の制定過程に着目することが適切である。

ドイツ連邦共和国基本法の制定過程における庇護権の議論に関する研究は、すでに数多く存在している（島田 一九八三年 三四七〜三五八頁、Quaritsch 1985: 28-37, Münch 1993: 17-22 など）。歴史的アプローチに属するこれらの先行研究は、一貫して「反省からの寛容」論を主張している。

一　ただ唯一、戦後フランスの占領下に置かれ一九五七年までドイツ領に復帰しなかったザールラントは、フランス憲法の影響下で庇護権条項を憲法のなかに置いていた。

また、これらの先行研究は、「ドイツ人の権利」説をほとんど無視している。確かにいくつかの研究は、基本法の制定過程に「ドイツ人の権利」説が現れたことに言及している。しかし、せいぜいこの主張が最終的に否定されたことを記述するに留まっている。それゆえ、以下のような理解がなされてきた。

確かに外国人は……国による庇護を、自らの権利として請求することができ、……庇護供与義務を国側が負う。この解釈は既に基本法制定過程以来明確にされていたし、この解釈の下に庇護権原則が採択された。(本間 一九八五年 五〇・六七頁)。

だが、実際にはそう言い切れない。ドイツ連邦共和国建国後、一九五〇年の連邦議会において、アーンスト・クンチャー（ＣＤＵ）が次のように述べている。

我々は、ソヴィエトの領域内で苦しんでいる我々の兄弟・姉妹を助けるために、耐えられる限界まで、行ける限界まで、ともに行く準備が心からできています。我々は、我々の民族を国家によって統一する意志を妨げ、ドイツの統一に有害である、全てを避けたいと思います。身体と生命が脅かされている人々、政治的避難民として連邦共和国の領土内で避難所と庇護権を求める人々……には、庇護権が当然に与えられなければならないということを、我々は保証したいと思います。(BT-PP 1. WP: 847)

この発言において、彼はソヴィエト領から来訪する「我々の兄弟・姉妹」すなわち同胞たるドイツ人に対して庇護権が与えられるべきであるという主張を行っている。

このような議論を見れば、基本法の制定過程以来、庇護権を援用することのできる主体は当然に外国人であると考えられてきたという立論は不可能である。それゆえ、「外国人に庇護権を認めるべきである」という主張と「ドイツ人に庇護権を与えるべきである」という主張の関係性を問い直さなければならない。

議会内評議会

分析に入る前に、具体的な分析対象とその対象を選択する理由を説明する。

基本法の制定は「フランクフルト文書↓ヘレンヒームゼー憲法会議↓議会内評議会」というプ

ロセスで行われた。一九四八年七月一日の「フランクフルト文書」によって西ドイツを占領していたアメリカ・イギリス・フランスが西ドイツ各州の首相に憲法制定を要求し、同年八月一〇日から二三日までのヘレンヒームゼー憲法会議によって「ヘレンヒームゼー草案」が作成され、これに基づいて同年九月一日から翌一九四九年五月八日まで開かれた議会内評議会において内容の詳細な審議が行われた。同年五月二三日、基本法の制定の採決が行われ、そこで可決された結果、翌二四日にドイツ連邦共和国基本法が発効する。

ヘレンヒームゼー草案に庇護権条項は存在しない。それゆえ、基本法の内容を審議した議会内評議会における議論が分析の対象となる。

一　般国際法による基礎づけ

議会内評議会の専門委員会の一つである総則問題委員会にて、一九四八年九月二一日、初めて庇護権に関する議論が行われた。それは、ルートヴィッヒ・バークシュトレッサー（ＳＰＤ）が以下の条文を提案したことに端を発する。

外国人は、この憲法に記載されている基本権が侵害されつつ外国において迫害され、この基本法の有効範囲へ逃げてきている場合には、引渡と国外退去からの保護を享受する。

(PR, Bd. 5: 21)

条文に庇護権という文言は含まれていないが、バークシュトレッサーは条文の注釈ではこの条項を「庇護権条項」と呼び、審議でもこの条文が庇護権を扱っていると述べている(PR, Bd. 5: 53)。

翌々日の一九四八年九月二三日、総則問題委員会などの専門委員会に条文の提案を行うために設置された全般編纂委員会が、総則問題委員会に対して庇護権の文言を盛り込んだ以下の条文案を提出した。

政治的に迫害された者は一般国際法の範囲内で庇護権を享受する。(PR, Bd. 5: 85)

この提案には、例えば、ゲオルク・アウグスト・ツィン(SPD)が次のように賛同した。

政治的に迫害された外国人は私たちのところでは庇護権をもちます。庇護権の概念は一般国際法によって確かな輪郭を与えられています。(PR, Bd. 5: 83)

ツィンはここで、一般国際法を庇護権の上位にある原理とすることで、基本法で庇護権を規定することの正当化を図っている。

全般編纂委員会の提案は、「一般国際法の範囲内で」という文言を除いたかたちで——すなわち「政治的に迫害された者は庇護権を享受する」という条文が——可決された。他の条項で国際法の一般命題は基本法を含む連邦法の構成要素であるという原則が規定される予定であったために、個別の条文にこの文言は不要だと見做されたのだ(PR, Bd. 5: 85)。

この初期段階で基本法上の庇護権規定の基本的な要素がすでに揃っている。まず、暗黙裡に庇護権は個人の権利とされた。「庇護権を国家の権利とするべきか、個人の権利とするべきか」という議論は、ここでは登場しなかった。次に、現代まで続く「政治的に迫害された者は庇護権を享受する」という条文がこの時点ですでに登場している。

後の審議では、この条文を基に議論が展開される。文言だけを見れば、すでに一九四八年九月二三日の時点で現れていた「政治的に迫害された者は庇護権を享受する」という条文に戻ってくるのだが、その含意は大きく揺れ動き変化していく。

庇護権をめぐる争点

「政治的に迫害された者は庇護権を享受する」という条文に対する二つの代替案が、この条文案の適用範囲が広すぎるという理由から提起された。まず、法学者のリヒャート・トーマは以下の条文案（以下、「トーマ案」）を提出した。

自由、民主主義、社会的正義および世界平和のための活動を理由に政治的に迫害された外国人は、連邦領域内において庇護権を享受する。（PR, Bd. 5: 378）

他方、全般編纂委員会の提案した条文（以下、「編纂委員会案」）は以下のとおりである。

自由、民主主義、社会的正義および世界平和のための活動を理由に政治的に迫害されたドイツ人は、連邦領域内において庇護権を享受する。（PR, Bd. 5: 579）

これらの提案から、庇護権条項の制限が二つの方向で試みられたことがわかる。第一の方向性はイデオロギーによる制限である。ここでは、「自由、民主主義、社会的正義および世界平和のための活動を理由に」という制限をつけるかつけないかが争われた。第二の方向はナショナリティによる制限である。ここでは、庇護権を享受しうるのは外国人なのかドイツ人なのかが争われた。

このような制限が試みられたにもかかわらず、なぜ最終的に「政治的に迫害された者は庇護権を享受する」という条文が選ばれたのか。この問題は二つの方向性各々に分けて考察される必要がある。

すでに先行研究の多くが、第一のイデオロギーによる制限の試みに注目している。これが失敗したのは、イデオロギーによる制限が庇護権の理念を損ねると考えられたためである（島田一九八三年　三五二〜三五八頁、本間　一九八五年　三八〜四六頁、Bade 1994: 93)。

それゆえ、本書は第二の方向性——すなわちナショナリティによる制限の試み——に着目する。

「ドイツ人の庇護権」と「避難と追放」

ナショナリティによる制限という観点から見たとき、トーマ案では「外国人」が、編纂委員会案では「ドイツ人」が庇護権を享受しうると考えられている。なぜ全般編纂委員会の提案にあるような「ドイツ人の庇護権」という考え方が生まれたのだろうか。その解答は一九四八年九月二三日のテオドア・ホイス（ＦＤＰ）の発言のなかに端的に現れている。

ここで職を求めるために東方地域から私たちのところへ来た人々のなかには、自分が政治的に迫害された者だと説明しない者はいません。(PR, Bd. 5: 86)

第二次世界大戦後、ドイツは連合国によって細かく分割された。分割統治下のドイツは西・中央・東の三つに大別できる（九頁図1）。西側はアメリカ・イギリス・フランスによって占領され、一九四九年にドイツ連邦共和国になる。中央部はソヴィエト連邦に占領され、同年ドイツ民主共和国になる。ただし、西ドイツの人々はこれを「ソ連占領域」

あるいは「東方地域」と呼んだ。東側の部分は、ソヴィエト連邦とポーランドの管理下に置かれ、最終的にドイツ領土から切り離された。西ドイツの人々は、この地域を「東方領土」と呼び、未だドイツ領の一部と見做していた（佐藤成基二〇〇八年）。

この東方地域・東方領土を中心に発生し、基本法制定過程当初の西ドイツで重大な政治問題となっていたものが、いわゆる「避難と追放」である。

一九四四年一〇月にソヴィエト連邦が東プロイセンに侵攻を始めると、東方領土に住んでいたドイツ人の避難が大規模化した。その後、チェコやポーランドなどがナチス支配から解放されると、ナチスへの復讐心を動機として、ドイツ人に対する残虐で暴力的な「無法の追放」や強制労働が横行した。一九四五年八月のポツダム協定ではポーランド・チェコスロヴァキア・ハンガリーからの「秩序だった人道的な方法」による「ドイツ人の移送」が確認された。しかし、協定に従って行われたドイツ人の組織的な移送は、秩序だった人道的な方法には程遠かった。また、協定で確認されたポーランド・チェコスロヴァキア・ハンガリー以外からの移送も行われるようになった。この間、一九五〇年頃まで続いた自主的あるいは強制的なドイツ人の移動が「避難と追放」と呼ばれている。

議会内評議会では、この避難民・被追放者を保護するために、彼らに与えられるべき権利として、庇護権が想定されたのだ。
論理的には、ドイツ人に庇護権を認めることは、必ずしも外国人に庇護権を認めないということを伴うわけではない。ドイツ人にも外国人にも庇護権を認めるということが可能なはずだ。だが、全般編纂委員会は以下のように述べることによって、外国人の庇護権を否定した。

政治的に迫害された外国人への庇護権の付与は、あまりにも広範囲にわたりすぎるように思われる。というのも、政治的に迫害された外国人への庇護権の付与は、もしかすると受け入れや世話などの義務化を伴うかもしれないからだ。(PR, Bd. 5:579)

ここでは、外国人に庇護権を認めると受け入れや世話の義務を伴う可能性に対して懸念が示されている。すなわち、自らの国は本来的にはその義務を負わないと理解しているということだ。そして、このような懸念から「政治的に迫害された外国人への庇護権の付与は、あまりにも広範囲にわたりすぎる」と考えられた。

「ドイツ人の庇護権」の失敗？

全般編纂委員会は「ドイツ人の庇護権」という考え方をその後も強調した。

庇護権を政治的に迫害された外国人にも広げることは望ましくない。なぜなら、無制限の庇護権を、望ましくない外国人、とりわけ民主主義に反する積極的な活動を理由に祖国から連邦領域内に逃れてきた外国人にも与える謂れはないからだ。(PR, Bd. 5: 884)

また、一九四九年一月一一日の総則問題委員会での「移動の自由」および「滞在と居住の自由」に関する議論において、議長のハーマン・フォン・マンゴルト（CDU）は次のように述べている。

私たちは実際、東側の州に属するどの人に対しても、連邦領域内の任意の場所に居住する権利を与えるということはできません。これは実際にできず、できるのは彼らが連邦帰属者になったときのみです。これは明らかです。……［連邦帰属者になる権利に］くわえて、彼らが避難民であるならば、私たちは庇護権を与えます。そして、彼らは直ちにその地位に就くでしょう。(PR, Bd. 5: 941)

フォン・マンゴルトはここでドイツ人を付与の対象として庇護権について語っている。このように、「ドイツ人の庇護権」という考え方は議会内評議会で肯定的に扱われることもあった。しかし、最終的にはナショナリティに言及しない「政治的に迫害された者は庇護権を享受する」という条文が選ばれることになる。その決着がつくのは一九四九年一月一九日の大委員会であった。

ハインリヒ・フォン・ブレンターノ(CDU)が、ドイツ人にのみ庇護権を認める編纂委員案会を引いた後に次のように述べている。

無制限の庇護権は、民主主義のための活動によってこの庇護の地に戻ってくるドイツ人に与えられます。法律違反の行為によってドイツに来る外国人は、この無制限の庇護権を要求することはできません。(PR, Bd. 14: 1412)

このようにフォン・ブレンターノは「ドイツ人の庇護権」の考え方に賛同した。だが、これに対してフリードリヒ・ヴィルヘルム・ヴァーグナー（ＳＰＤ）が次のように反論した。

ドイツ人はドイツでは政治的庇護権を必要としません。庇護権は、そのまま留まっていれば政治システムによって自由、生命、あるいは財産を奪われるがゆえに祖国でもはや暮らせなくなった外国人に対して与えられる権利です。……庇護権は、ネーションの帰属を問題としないことを前提とし、概念上一般的にそういうものです。それゆえ、外国人は私たちのところに庇護、避難所を求めるのです。避難所というこの概念はすなわち、外国人が他の国から避難し、私たちのところに保護と宿泊場所を求めることを意味します。それが庇護と避難所の然るべき概念です。(PR, Bd. 14: 1413)

ヴァーグナーは、フォン・ブレンターノの意見に反し、庇護権が外国人に与えられる権利であることを強調している。

確かに、法学の常識から考えれば、ドイツという国家がドイツ人に庇護権を付与することは誤った理解である。だが、すでに説明しように、戦後の西ドイツは「避難と追放」という内政上の問題を抱えていた。ドイツ人に庇護権を与えるという考え方は、この問題に対処するために現れてきたものだ。この事情が議会内評議会においても認識されていた。ドイツ人への庇護権の付与を肯定していたフォン・ブレンターノも次のように述べている。

編纂委員会案の第一七条第二項［＝庇護権条項］について、ドイツ人がドイツ自体のなかでは庇護権を必要としないという点でのみ、当然にヴァーグナー氏が正しいと認めることができます。しかし、……この第二項は、結局のところ、ドイツが私たちの手にはないという、完全に悲劇的な私たちの国家法上の状況を映し出しているのです。それゆえ、私たちは、いつ変わるかもわからない私たちの現在置かれている状況を考慮して、なおもさらにドイツ人は連邦領土内で庇護権を享受しなければならないと述べたのです。それは特に、今日東方地域から私たちのところに来て私たちが連邦領土内で明確に庇護権を与えたいと望むドイツ人に、彼らが連邦帰属者ではないにもかかわらず有効です。この第一七条第二項の案は、このように私たちのいる状況に正当な根拠をもっているのです。(PR, Bd. 14: 1415)

「ドイツが私たちの手にはない」というこの発言は、ドイツが戦勝国によって分割統治されているという状況を指している。そして、だからこそ「ドイツ人」に庇護権を保障することが正当だと、フォン・ブレンターノは主張しているのだ。

だが、その後の議決によって、庇護権を有する主体を明記しない「政治的に迫害された者は庇護権を享受する」という条文が採択された。この採択された条文がそのまま盛り込まれるかたちで、一九四九年五月二三日にドイツ連邦共和国基本法が成立した。

庇護権を正当化する三つのレトリック

以上の分析によって、庇護権を正当化する三つのレトリックが明らかとなった。ドイツ連邦共和国基本法上の庇護権は、議会内評議会においてこれら三つのレトリックが動員されることによって成立した。

第一のレトリックは一般国際法である。すなわち、一般国際法に庇護権は定められていて、基本法は一般国際法に服するがゆえに、基本法上にも庇護権規定が求められるという論理である。

第二に、庇護権概念に関する法学の常識である。ただし、このレトリックは、庇護権がドイツ人ではなく外国人に与えられるべきであることを正当化するレトリックであって、庇護権を基本法に規定すること自体を正当化するものではない。

第三のレトリックは「避難と追放」という当時のドイツが置かれた国家的状況に起因する問題認識である。庇護権は東方から連邦共和国に訪れる避難民・被追放者を保護するための権利としても想定された。

議会内評議会における庇護権の議論では、まず、第一のレトリックによって、基本法に庇護権を規定すること自体が正当化された。さらに、第二・第三のレトリックが競合し、どちらを採用するかが争点となった。これによって、基本法に庇護権を規定すべきか否かという根本的な問いは巧妙に回避されたのだ。

さらに「政治的に迫害された者は庇護権を享受する」という「政治的に迫害された者」のナショナリティに言及しない最終的な解決策は、どちらの可能性もその解釈として残すことで批判をかわす効果をもっていた。

基本法第一一六条

第三のレトリックについては補足を要する。実は庇護権以外に避難民・被追放者のための規定が基本法のなかに用意されていた。それは基本法第一一六条だ。基本法一一六条第一項の内容は以下のとおりである。

> この基本法の意味におけるドイツ人とは、法律に別段の定めがある場合を除き、ドイツ国籍を有する者、またはドイツ民族に属する避難民または被追放者として、あるいはその配偶者もしくは子孫として、一九三七年一二月三一日時点でのドイツ帝国の領域内に受け入れられている者のことである。

この条文にいう「一九三七年一二月三一日時点でのドイツ帝国の領域」には、西ドイツだけではなく東ドイツ（東方地域）と東方領土も含まれる。避難民または被追放者として東方からドイツ連邦共和国に訪れたドイツ人は、ドイツ民族に属するがゆえに基本法上の「ドイツ人」として、連邦共和国のドイツ人と同様の権利を与えられたのだ。

では、なぜ一一六条があるにもかかわらず、庇護権によって避難民と被追放者を保護するという考えが生まれたのだろうか。ここで議会内評議会の縦割りという仮説を提示したい。庇護権条項は総則問題委員会で議論されたが、ドイツ人を定義する第一一六条の議論は主に連邦機構委員会で議論された。この二つの専門委員会がどれほど相互の議論の内容を確認していたのかは定かではない。

小括

では、外国人の権利としての基本法上の庇護権はいかに成立したと言えるだろうか。

一方には、一般国際法という基本法の上位に置かれる法によって、あるいは寛容さという倫理によって、外国人を受け入れることと国家の利害の衝突が乗り越えられた側面もある。

しかし、その他方で、庇護権は「避難と追放」の問題と結び付いて解釈された。当時の西ドイツでは、まず何よりも、ドイツ領から切り離された東方領土や東方地域から西ドイツに避難してくる・追放されてくる「ドイツ人」こそが、身近な・具体的な「政治的に迫害された者」だった。すなわち、庇護権は「自分たちの問題」としても理解されていた。

庇護権がドイツ人を救うための法的装置としても想定されたのであれば、庇護権の規定が受け入れられたことに不思議はない。当時のドイツの状況は、現在の（そして当時の）国際法の常識を失効させる事態を生んでいたのだ。

条文が最終的に「政治的に迫害された者は庇護権を享受する」になったことをふまえれば、「ドイツ人への庇護権の付与」という考え方は最終的に否定されたようにも見える。しかし事態はそう単純ではないだろう。この条文にある「政治的に迫害された者」という文言について、これは外国人だけを指しているとも考えることができるし、ドイツ人を指しているとも考えることができる。すなわち、基本法制定時の庇護権は、両義性を備えていると言える。これが、この時期の庇護権の特徴である。

ところで、現在の私たちは、基本法上の庇護権に関して、「ドイツ人の権利」説が既に廃れており、「外国人の権利」説のみが有効であることを知っている。では、この時期の両義的な庇護権は、どのように私たちの知る外国人の権利へと変化していったのだろうか。この問題を次章で扱う。

第四章　外国人の権利へ——初期連邦議会における議論の分析——

外国人の権利へ

基本法の制定過程において、庇護権は、一方では国際法学の観点から外国人のための権利と考えられていた。だが他方では、「避難と追放」という国家的・政治的な課題を背景として、ドイツ人のための権利として想定されていた。つまり、制定当初の庇護権は両義的な性格をもっていたのだ。では、この両義的な庇護権はどのようにして現在の私たちが知っている外国人の権利となったのか。この過程を明らかにすることが本章の課題である。このために、分析を議会内評議会よりも後の時代へと進めていかなければならない。

本章では、一九四九年に運用の始まった連邦議会の議事録を参照する。古い時代から順に議事録を分析することで、庇護権の変容が完了した時期を見定める。また、必要に応じて統計書や官報などの資料も参照した。

「避難と追放」問題の継続

一九四九年に運用の始まった連邦議会において、ソ連占領域＝東方地域＝ドイツ民主共和国から訪れる大量のドイツ人への対処は大きな政治的課題であった。一九五〇年にはソ連占領域からドイツ連邦共和国の領土内への人口移動は約二五万人に及んでいる（図3）。このような状況のなか、大量に押し寄せるドイツ人の移動を制限・管理するために、「ドイツ人の連邦領土への緊急受け入れに関する法律」（「緊急受入法」）が一九五〇年八月二二日に制定された(BGBl. 1950: 367-368)。

この法律の審議において庇護権が何度か参照されている。第二章で引用したアーンスト・クンチャー（CDU）の発言もその一例である。さらにここではギュンター・ゲーツェンドルフ（WAV）の発言を引用しよう。

私たちは連邦政府の法令草案について話を聞き

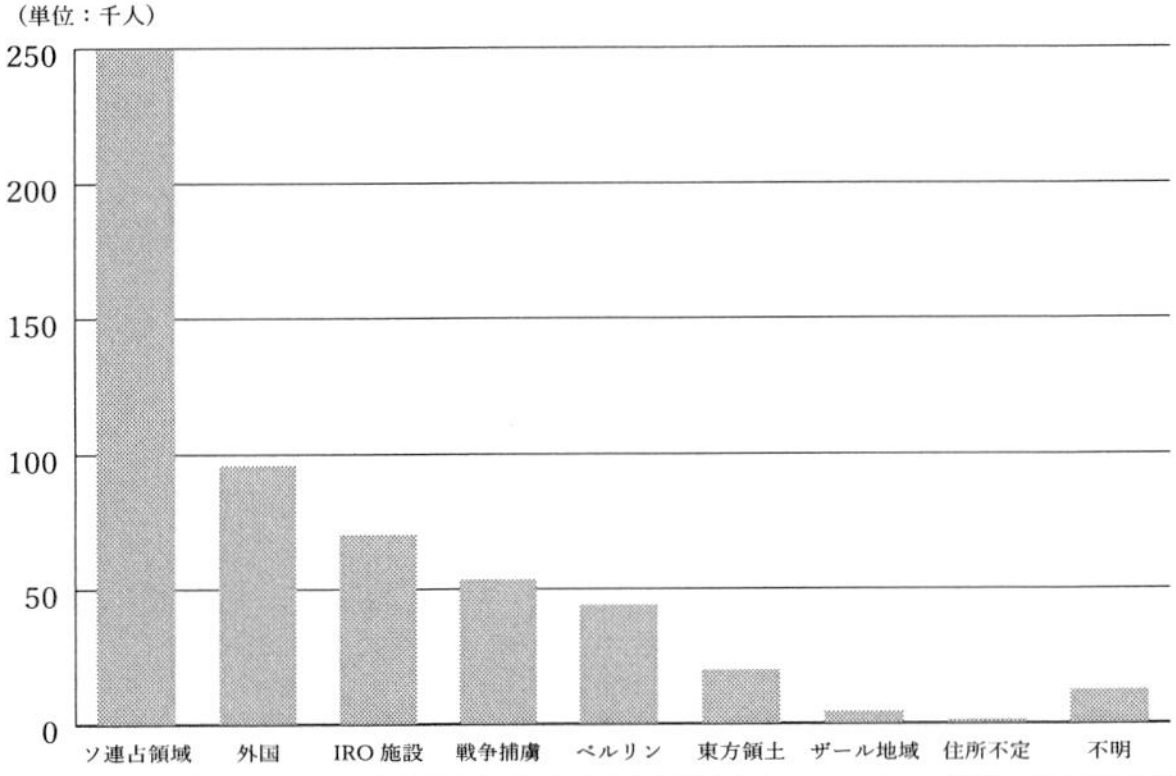

図 3. 1950 年における連邦領土外から連邦領土内への人口移動（出発地別）
(Statistisches Jahrbuch für die Bundesrepublik Deutschland (Band 1952) S. 48 より筆者作成)

ました。……しかし、ドイツ人の移動の自由は基本法のなかで保障されています。それを法令で制限することはできません。そのためには法律が必要です。……連邦政府がドイツ人に対する例外法規として成立させようとしている法令が上述のとおり基本法に違反していることは別としても、そのような手続きは庇護権の思想にも反しています。(BT-PP 1. WP: 845-846)

連邦政府には避難民と被追放者に関する事項について法令を制定する権限が与えられている。[一] 連邦政府はこの権限を用いてドイツ人の移動の自由を制限しようとした。だが他方で、移動の自由を制限するためには法律か法律の根拠が必要である。[二] このような背景があって、ゲーツェンドルフは「法律が必要」と述べた。そして、さらにこの手続きが「庇護権の思想」にも反しているとも主張している。ここでは庇護権を有する主体が東方地域から訪れるドイツ人として想定さ

一　基本法第一一九条「避難民と被追放者の事項、特に彼らの州への分配に関しては、連邦法が規制するまで、連邦政府は連邦参議院の同意を得て、法的効力をもった法令を制定することができる。……」

二　基本法第一一条第一項「全てのドイツ人は、連邦領土全域において移動の自由を享受する」、第二項「この権利は、法律によってのみ、または法律に基づいてのみ、かつ……の場合にのみ、制限されうる。」

れている。

基本法の発効によりドイツ連邦共和国が成立した後も、ドイツ人の分断、東方領土およびソヴィエト占領地域（東方地域）からの連邦領土への人口流入を背景として、連邦領土へ避難するドイツ人に庇護権を与えるという観念が継続して表明されていた。

むしろ興味深いことは、初期連邦議会の議論において、庇護は外国人に与えられるものであるという法学の常識が影を潜めていることである。その背景として、議会内評議会と連邦議会の性質上の差異を挙げることができるだろう。議会内評議会では、時に学術的な知を動員することによって基本法の内容を基礎づけることが問題となった。他方で、連邦議会では、直面する政治的な課題を法によって対処することが問題となる。それゆえ、庇護は外国人に与えられるものという庇護権の法学的な基礎づけは連邦議会では顧慮されなかったのだろうと思われる。

東欧からの外国人

一九五〇年代初頭のドイツ連邦共和国では、東方領土・東方地域から押し寄せるドイツ人が政治的な問題として認識され、彼らに対して連邦領土内で庇護権を与えなければならないと考えられていた。この事情は、庇護権をもつべき「政治的に迫害された者」の想定をドイツ人だけでなくある特定の外国人へと拡張する主張を帰結した。

東欧からの外国人の非合法な殺到はちょうどここ数週間でかなりの高水準に達しました。……私は庇護権に対して完全に反対しているわけではありません。もっとも、外国人をドイツの生活保護の下に置くだけではなく、立証可能な犯罪行為のある場合にはドイツの司法やドイツの警察の下に置くという制限付きでではありますが。……しかし、私はここで、東方からのドイツ人避難民に同じ権利が行使されないことには反対します。(BT-PP 1. WP: 1755)

これは一九五〇年三月二三日の連邦議会におけるハーマン・ゲッツ（CDU）の発言である。彼は、東欧から連邦領土に多数押し寄せている外国人への庇護権の付与を条件付きで認めている。その前提には、同時にドイツ人避難民にも庇護権が付与されるべきであるという認識がある。

連合国高等弁務官事務所との軋轢

この主張の背景を理解するには、同日のフリッツ・ヴェンツェル（ＳＰＤ）の発言を見るとよい。

何人も他国において迫害からの庇護を求めかつ享受する権利を有する［＝世界人権宣言第一四条第一項］。何人も、国籍への権利を有する［＝同第一五条第一項］。ここで宣言・保障されている人権は東方領土からのドイツ人にも二重・三重に有効だと、私は強調して述べなければなりません。なぜなら、みなさんご存知のとおり、連合国はすでに長らくドイツ当局に対して、いかなる外国人をもドイツ国内に受け入れ彼らをこの人権の保護のもとに置くことを命じてきました。それにもかかわらず、いかにして同じ連合国が我々ドイツ人に対して、故郷を放棄しなければならなかったがゆえに非常に苦しい貧困と非常に重大な悲惨のうちにいるドイツ人を、彼らの故郷の門のところで追い返せと命令することができるでしょうか。(BT-PP 1. WP: 1752)

この時期には、冷戦期の東西対立を背景として、東側諸国から多くの人々が西側諸国へと避難していた。ドイツ連邦共和国は、共産主義圏のドイツ民主共和国と接していたために、ちょうどその流入地となっていたのだ。そして、ドイツ連邦共和国は彼らを受け入れざるをえなかった。なぜなら、ドイツ連邦共和国はいまだ主権を回復していなかったからだ。

ドイツ連邦共和国は一九四九年に建国されたが、主権を回復するには一九五五年を待たねばならなかった。建国から主権回復までのあいだ、アメリカ・イギリス・フランスの三国によって構成された連合国高等弁務官事務所が占領政策を行っていた。連合国高等弁務官事務所はこの間連邦領土に訪れる全ての外国人を受け入れるように連邦政府に命じていた。

ドイツ人避難民・被追放者への対処に追われる連邦政府にとって、外国人の受け入れは二次的な課題に過ぎなかった。それゆえ、連合国高等弁務官事務所と連邦政府の間で軋轢が生じていた(Poutrus 2009: 144-146; Poutrus 2010: 108-109)。こうして、上記の引用文に見られるとおり、連邦議会では連合国高等弁務官の命令に対する批判が展開された。庇護権はこの文脈において参照されている。

より具体的に批判を行っている例として、アーンスト・クンチャー(CDU)が連邦議会で一九五一年九月二六日に行った発言を挙げよう。

何千人ものチェコ人が……ドイツで庇護権を要求し、アメリカの州弁務官事務所の命令によって、避難の真の原因を調査することなく全員に庇護権を与えなければなりませんでした。さらには、庇護を求めていたこのチェコ人全てが全てのドイツ人被追放者より優先され、そして、ドイツ国民は最初この各々のチェコ人のために日々の生活費をなんと一五ドイツ・マルクもドイツの税金から拠出しなければなりませんでした。（BT-PP 1. WP: 6691）

チェコスロヴァキアでは、一九四八年に共産党によるクーデターが起こった。共産党による粛清によって多数の避難民が生まれ、地理的に近いドイツ連邦共和国（特にバイエルン州）がその受け皿となっていた。それがこの発言の背景にある。

このように、東欧からの外国人に庇護権を与えていることを追認することで、彼らよりも優先して東方からのドイツ人に庇護権が認められるべきであることが主張された。これが外国人の権利としての庇護権への一歩となった。

主題の散逸

一九五〇年頃の連邦議会では庇護権は「避難と追放」の問題と密接に結びついていた。しかし、一九五三年以降の連邦議会の議論を見てみると、この結びつきが弱まっている。例えば、一九五三年五月一二日の連邦議会で、ハーマン・ブリル（SPD）は、ドイツ連邦共和国とフランスの引渡条約に関する議論で庇護権を参照している。

法務委員会では、引渡法全体が修正され、特に政治犯罪という中心概念が新しくなり、そしてそれとの関連で最終的に庇護権は実定法によって規制されなければならないと言われました。（BT-PP 1. WP: 3024）

また、ルドルフ・フォーゲル（CDU／CSU）は一九五五年六月一四日に大使館における庇護権について次のように述べている。

政治的状況がまだあまり安定していないかもしれない特に重要な場所あるいは国家におい

て、ドイツ大使が大使館ではなく借家に住んでいるのであれば、それは良くないと私は長らく思っています。庇護権は私たちの時代においても時に非常に重要な意味をもちます。……重要な場所においてドイツ大使が自身の家に住み公務を行い、そのゆえに不安定な時代においても庇護権が現実化されうるのであれば、庇護権はかつていろいろな変化を経験したにもかかわらず今日でも常に未だ国際法の認められた構成要素を表している、ということは正しいと思います。(BT-PP 2. WP: 4745)

このように、一九五三年以降、庇護権に関する議論は主題が散逸し、「避難と追放」の問題とはおよそ関わりをもたなくなった。

「庇護権」と「避難と追放」の乖離

なぜ庇護権と「避難と追放」問題が関連しなくなったのだろうか。その答えとして、次の三つの要因を挙げることができる。

第一に「避難と追放」問題の沈静化がある。ドイツ人の移動は一九五〇年頃に一段落がついた。

それに伴って、東方から来るドイツ人に対して庇護権を認めるべきであるという主張が求心力を失ったことは十分に考えられる。

第二に、庇護権とは異なる権利が「避難と追放」問題あるいは東方領土の問題性を追及するために用いられるようになった。それは「故郷権」である。被追放者を中心として結成された利益団体は、この故郷権を根拠として連合国の追放政策やオーデル・ナイセ線の不当性を主張し、この権利を政治的な問題として全面に押し出していった（佐藤成基二〇〇八年九〇頁以下）。

ここで着目したいことは、連邦議会では当初、故郷権が庇護権と並置されて言及されていたという事実である。例えば、ハインリヒ・ゲオルク・リッツェル（SPD）が、一九五二年六月一〇日の「人権と基本的自由の保護のためのヨーロッパ条約」（別名「欧州人権条約」）に関する法案の審議において次のように述べている。

締結に向けて尽力されている追加条約は、私たちにとっても特別な願望、すなわち、故郷の権利、移動の自由の権利、政治的理由による庇護の権利です。（BT-PP 1. WP: 9513）

ここで言及されている「追加条約」とは、一九六三年に調印された欧州人権条約第四議定書である。この議定書では、移動の自由（第二条）、国民追放の禁止（第三条）、外国人の集団的追放の禁止（第四条）が確認されている。連邦議会では、国民追放の禁止と外国人の集団的追放の禁止が、庇護権と故郷権と言い換えられていたことがわかる。

第三の要因として、ドイツ人避難民・被追放者を保護する法的な枠組みが整備されたという事情を挙げることができる。一九五三年に「被追放者と避難民の問題に関する法律」（別名、「連邦被追放者法」）が制定されている。この年は、すでに見たように、庇護権と「避難と追放」の問題が関連性を失った年である。ドイツ人避難民・被追放者は、この法律に基づいて保護されるようになったために、この問題において庇護権は有効性を失ったと考えられる。

難民条約と故郷喪失外国人

「避難と追放」問題が庇護権から離れていった一方で、庇護権の側も「避難と追放」とは別の文脈で用いられるようになる。

その発端は、一九五一年に国際連合総会で採択された難民条約である。この条約は、難民の法的地位を国際的に確認し、国際的な協力によって難民問題を解決に導くことを目的としている。

ドイツ連邦共和国は難民条約を一九五三年一二月一日に批准した。これは、他国と比べて、比較的早い時期での批准と言えるだろう。ハーマン・ブリル（SPD）の以下の発言は、その理由の一端を示している。

連邦議会は、一九五一年一月二八日のドイツにおける故郷喪失外国人の法的地位に関する法律の議決に際して、難民に関する国際連合の一般条約に即座に加入することを連邦政府に求めると決定しました。……それ［＝難民条約］には実体法上は何も問題ありません。なぜなら、実体法をなす個々の条文はいずれも、すでに言及した故郷喪失外国人の法的地位に関する法律の対応する規定と部分的あるいは完全に一致しているからです。(BT-PP 1. WP: 13554-13555)

これは、難民条約の批准にあたって制定された「難民の地位に関する一九五一年七月二八日の条約に関する法律」の草案をめぐって連邦議会で行われた議論のなかで出てきた発言である。この発言は、難民条約が、すでにドイツ連邦共和国内で一九五一年に制定されていた「連邦領土内における故郷喪失外国人の法的地位に関する法律」とほぼ同義のものと認識されていたことを示している。このような事情があれば、ドイツ連邦共和国が難民条約を容易く受け入れることができたということは、想像に難くない。

では、なぜこの法律と難民条約はほぼ同義に扱われえたのか。

第二次世界大戦後にドイツの敗戦処理を請け負った連合国は、ナチス時代にドイツへと連行されてきた外国人労働者をどう扱うかという課題と直面していた。第二次世界大戦後に国際連合の専門機関としてつくられた国際難民機関（ＩＲＯ）は、西ドイツでこのような外国人労働者の保護を行っていた。この背景の下で、彼らの法的地位を確認する「連邦領土内における故郷喪失外国人の法的地位に関する法律」が一九五一年に制定されていた。

この法律にいう「故郷喪失外国人」と難民条約にいう「難民」は、ドイツ連邦共和国に行き着いた理由という点では異なっている。しかし、法的地位が問題となるような外国人という点では共通している。この共通点によって、難民条約と「連邦領土内における故郷喪失外国人の法的地位に関する法律」は同じように扱われたのだ。

庇護法令と庇護権

第一章でも述べたように、難民条約を国内で実施するためにドイツ連邦共和国で行われたことの一つが、一九五三年の「外国人難民の認定と分担に関する法令」（以下、「庇護法令」）の制定だ。庇護法令は、その正式名称にあるように、「外国人難民」を対象としている。「外国人難民」という語は、この法令に基づいて設立された、連邦外国人難民認定所（一九六五年以降、連邦外国人難民認定庁）の名称にも用いられている。（「外国人の」という形容詞の無い）「（避）難民」[三]という語は、一九五〇年頃には、通例として東方からのドイツ人避難民を意味していた。それゆえ、これと区別するために、「外国人難民」という言葉が使われたのだ。

他方で、連邦外国人難民認定庁が二〇〇五年に改組されたことによって成立した連邦移民難民庁の名称には、「外国人の」という形容詞が無い。今では、「外国人の」という形容詞が無くとも、「難民」は専ら外国籍の人々と考えられている。それゆえ、連邦移民難民庁の名称に「外国人の」という形容詞は不要なのだ。

三　原語は「Flüchtling(e)」である。この語は、いわゆる「難民」を指す語として用いられている。だが、「避難と追放」の問題の文脈では、一般に「避難民」という訳語があてられている。本書での訳語はこの通例に従った。

庇護法令が本章の議論にとって重要であるのは、この法令がその前文で庇護権について言及しているからである。庇護法令の前文は以下のとおりである。

一九五一年七月二八日の難民の法的地位に関する条約に従って連邦領土内において法的地位を有する外国人難民に、庇護権を与える前提をつくるため、連邦政府は連邦参議院の同意を得て、ドイツ連邦共和国基本法第一一九条に基づき、法的効力をもって以下のことを命ずる。(BGBl. 1953 I: 3)

この前文にあるように、庇護法令の趣旨は、難民条約において定義された意味での難民(以下では、通例に従って「条約難民」と呼ぶ)である「外国人難民」に、「庇護権を与える前提をつくる」ことにある。

それゆえ、実際にはほとんど「東欧からの外国人」が庇護付与の対象になっていたものの、ここにおいて、法制度上は庇護権の適用範囲が「東欧からの外国人」を越えて、条約難民にまで広げられた。言い換えると、庇護法令を契機として、庇護権の適用範囲が「外国人難民」——これは現在の用語法では「難民」と言い表されている——へと抽象化された。

「外国人の権利」へ

前節で、難民条約と庇護法令によって、条約難民が基本法上の庇護権をもつと考えられるようになったことを確認した。しかし、一九五〇年代が終わる頃になって、庇護権をもつ者のカテゴリーはもう一段階広げられることとなる。一九五八年六月一二日の連邦議会における以下の答弁がそれを示している。

ベッカー副大統領：メンツェル議員の外国人難民への庇護権に関する第六質問を取り上げます。「外国人難民は、一九五三年一月六日の庇護法令の第五条に形式上該当しなくとも、基本法第一六条第二項第二文の前提を満たすならば、連邦共和国において庇護権を享受するという見解について、連邦政府は私と同意見でしょうか」。……

シュレーダー内務大臣：この質問に対する答えは非常に簡潔です。質問の基礎にある見解について連邦政府は同意見です。(BT-PP 3. WP: 1617)

庇護法令の第五条には次のように規定されている。

……一九五一年七月二八日の難民の法的地位に関する条約の第一条の意味おいて難民である人は、この法令の意味における外国人難民である。(BGBl. 1953 I: 3)

これを踏まえれば、先に引用した答弁のなかで、「条約難民に該当しなくとも、基本法上の「政治的に迫害された者」に該当する外国人難民は庇護権を享受する」という政府見解が示されていることがわかる。すなわち、難民条約とは無関係に庇護権の付与対象が定められるようになったということだ。

さらに、一九五九年二月四日には、連邦憲法裁判所が判決文のなかで、「難民条約と庇護法令によって定められた条件が満たされていない場合にも、政治的に迫害された者の庇護権は生じうる」と述べている(BverfGE 9, 174 (181))。政府も同年の筆記答弁にてこの判例を追認している(BT-PP 3. WP: 3639)。

こうして庇護権の適用可能範囲は、難民条約という限定をも越え、広く「外国人」を包含するようになった。

小括

本章の問いは、両義的な庇護権がいかに外国人の権利になったのか、というものだった。以上の分析からこの問いに解答するならば、それは次のようになるだろう。

庇護権は外国人の権利という高いハードルを最初から越えるのではなく、徐々にハードルを上げていくことによって、最終的に外国人の権利へと行き着いた。

連邦議会の初期において、庇護権はドイツ連邦共和国の政治家に「ドイツ人の権利」として受け入れられた。それは、東ヨーロッパから逃れてくるドイツ人避難民・被追放者を救わなければならないという国家的・政治的な課題が存在していたからである。しかし、現在の庇護権が外国人の権利だからこそ、ドイツにいる多くの難民は庇護を享受することができる。本章では、庇護権が現在のような「外国人の権利」になるまでの過程を見てきた。

ドイツ連邦共和国の建国後、一九五〇年代に入っても、「避難と追放」問題は継続していた。それゆえ、連邦議会では東方からのドイツ人に対して庇護権を与えるべきであるという主張が展開されていた。すなわち、この段階では庇護権は「東方からのドイツ人の権利」として強調されていた。

だが同時に、すでに庇護権が外国人の権利となる予兆が示されていた。連邦政府は、アメリカ占領政府に、共産主義圏から来る外国人の受け入れを強制されていた。これを背景に、連邦議会では「東欧から来る外国人に庇護権を事実上付与しているのだから、同胞たる東方からのドイツ人にも当然庇護権が認められるべきである」という論理が用いられた。これにより、東欧から来る外国人に庇護権を与えていることを追認したのだ。すなわち、ここでは庇護権が「東方からの外国人の権利」として認められたのだ。

その後「避難と追放」問題と庇護権が切り離されていく。その際、難民条約との関連で現れるようになり、庇護法令において、庇護権は「外国人難民＝条約難民の権利」として想定されるようになる。

一九五〇年代末には、条約難民でなくとも「政治的に迫害された者」に該当する外国人であるならば庇護権の享受が認められるようになった。こうして、庇護権は「外国人（一般）の権利」として成立した。

結章　庇護権あるいはドイツの両義性——欧州難民危機と庇護権

本書で考察したドイツ連邦共和国基本法上の庇護権は、その成立後も度々政治的なトピックとして取り上げられてきた。近年では、二〇一五年の欧州難民危機への対応として、ドイツの首相アンゲラ・メルケルがシリア難民の受入を表明した際に、庇護権は耳目を集めた。メルケルのこの決定は、その後のドイツ政治の展開に大きな影響を与えることとなった。本章では、メルケルが欧州難民危機に際して難民受入を表明して五年の経過した現在の視点から、特に「庇護権」という本書のテーマに着目して、当時の出来事を振り返ってみたい。

欧州難民危機とドイツ

欧州難民危機は、二〇一五年、中東やアフリカからヨーロッパに多数の難民が流入したことによって起きた。UN

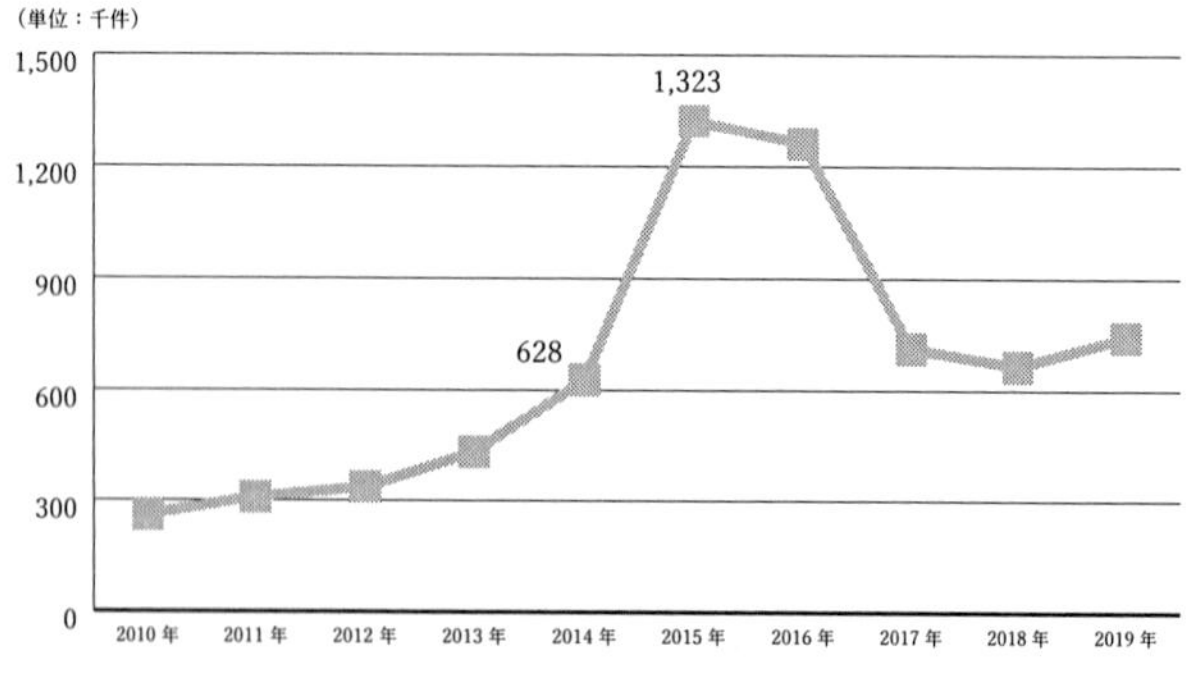

図4. EU加盟国における庇護申請者数の推移（2012年まではクロアチアを含まず）
（Eurostatの統計データ（migr_asyappctza）より筆者作成）

HCRの報告によれば、この年にヨーロッパに流入した難民の数は一〇〇万を超えるという（UNHCR 2016: 32）。また、ユーロスタットの統計によれば、二〇一五年には前年の約二倍となる約一三〇万件の庇護申請がEU加盟国内でなされた（図4）。

これらの難民は主に地中海を超えてヨーロッパに来たことから、地中海沿岸にあるギリシア、イタリア、スペインが主要な玄関口となった。地中海を超えてヨーロッパに流入した人々の出身国としては、シリアが約半数であり、アフガニスタンが約二〇%、それ以下にイラク、エリトリア、パキスタンなどが続く（UNHCR 2016: 34）。

このような状況のなかで、ドイツは難民にとって主要な目的地となった。ユーロスタットの統計によると、二〇一五年にヨーロッパでなされた庇護申請のうち、ドイツだけでその三分の一を占めた（図5）。ヨーロッパに流

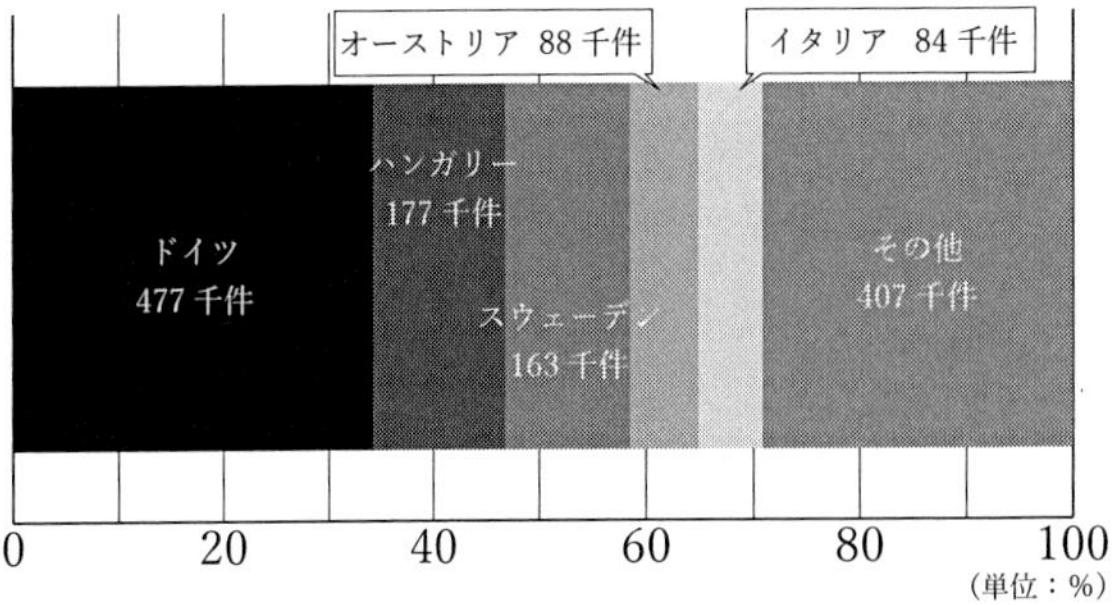

図 5. 2015 年のヨーロッパにおける庇護申請の国別件数と割合
※ここでのヨーロッパとは 2015 年時点での EU 加盟国にスイス・ノルウェー・アイスランド・リヒテンシュタインを加えたものである。
（Eurostat の統計データ（migr_asyappctza）より筆者作成）

入した難民の多くが、真っ先に辿り着いた地中海沿岸のイタリアやギリシアではなく、さらにドイツまで歩を進めたのだ。

難民の多くがドイツを目指した理由はいくつかある。その一つは、ドイツがヨーロッパのなかで随一の経済大国であるということが関係している。確かに、その定義からして、難民は、就労やより良い生活を求めて移動するわけではない。より安全な生活や、命の危険のない生活を求めて移動する。だが、彼らも人間である以上、仕事やより良い生活に対する欲求があることは自然なことだ。それゆえ、経済大国であるドイツを目指すこともまた自然なことだ。

しかし、それ以上に、二〇一五年八月末の出来事が大きな要因となった。

「庇護権に上限はない」

この出来事とは、二〇一五年八月、ドイツの首相アンゲラ・メルケルのおこなった、ダブリン規則にかかわらずシリア難民を受け入れるという宣言である[1]。

一　二〇一五年にヨーロッパに流入した難民の約半数がシリア出身だったことを思い出してほしい。

現在から振り返れば、このメルケルの宣言が後に大きな影響を与えたことは間違いない。ドイツに来る難民は急増し、庇護審査を管轄する行政官庁の負担は大きく増え、ドイツ政治は極右政党の台頭や与党内部の論争などの大きな混乱に見舞われることとなった。

メルケルが一時停止を決めたダブリン規則は、EU加盟国といくつかの非加盟国の間で締結された条約である。この規則により、締結国のいずれかで庇護申請が行われた場合、必ず一つの国のみがその申請を審査し、その申請が認められた場合には、その審査を行った国で法的地位を得るという仕組みがつくられている。

すなわち、ダブリン条約にしたがえば、たとえドイツで庇護申請が行われたとしても、ドイツがその審査するとは限らない状況がありうる。メルケルは、このヨーロッパで共有された原則を破って、自国で難民を受け容れることを決めたのだ。

メルケルは、シリア難民の受入を推し進めるに際して、「Wir schaffen das!（我々にはできる！）」というキーフレーズを象徴的に使った。この言葉は、その後も幾度となく様々な場面で多くの人から引用されることとなった。

くわえて、このときに援用したのが、本書のテーマでもある庇護権である。メルケルは、二〇一五年九月に行われたインタビューのなかで、「難民をきちんと受け容れるとすれば、ドイツは年間でどれくらいの数に耐えられるでしょうか？」という質問に対して、次のように答えた。

答えになる簡潔な数字は存在しません。政治的に迫害された人々の庇護を求める基本権に上限はありません。この権利は、内戦という地獄から私たちのところに来る難民にも適用されます。(RP Online (2015/9/11))

本書の冒頭でも引用したメルケルのこの発言は、「受け入れる難民の数に上限を設けるかどうか」という政治的な問いに対する回答になっている。この問いは、欧州難民危機をめぐるドイツ政治上の主要な争点として、今後も引き継がれていく。

特にメルケルとCSUとの対立ではこの問いが大きな争点となった。CSUとは、メルケルが党首を務めるCDUと統一会派をなし、実質的にはCDUのバイエルン支部といった意味合いを強くもつ政党である。にもかかわらず、当時のCSUの党首でありかつバイエルン州首相でもあったホアスト・ゼーホーファーは、上述の宣言を行った直後から、激しくメルケルを批判した。その争点が難民受入上限の是非であり、ゼーホーファーは上限の設定を強く要請したが、メルケルはそれを拒否し続けたのだ（横井　二〇二〇年）。

メルケルは、このような与党内部の重大な政治論争をかたちづくる問題に対して、基本法上の庇護権を引き合いに出して答えた。

しかし、この場面で庇護権が援用されることは、実は奇妙でもある。それはなぜならば、既に基本法上の庇護権は、ドイツの庇護制度においてほとんど意義をもたなくなっていたからである。このことを理解するためには、本書で扱った庇護権の成立時期ではなく、その後の歴史において現れた「庇護権の縮小」とも呼べる現象を見ていく必要がある。

庇護権の縮小①

まず、「縮小」として語ることのできる第一の局面は、一九九三年の基本法改正である。この改正によって、庇護権には大きな制限が加えられることとなった。この改正の背景には、第一に庇護申請の急増、第二にヨーロッパにおける庇護政策の協調化という事象がある。

ドイツ連邦共和国では、一九七〇年代末から一九九〇年代初頭にかけて、庇護申請数が急増した。そのピークは一九九二年の四三万八千件であり、その十年前の一九八二年（三万七千件）と比べると一一・七倍、二十年前の一九七二年（五千件）と比べると八三倍にもなる。[二] この急増の理由は、ドイツ連邦共和国がオイルショックによって国家間協定に基づくガストアルバイター（季節労働者）の受け入れを一九七三年に停止したのちに、ドイツに就労を求める外国人が就労許可を得る手段として庇護申請を利用しようとしたからであると考えられている。

また、同時期、EC（ヨーロッパ共同体）の発展のなかで、庇護政策の協調化が進められた。一九九〇年前後の関心は域内の「人の自由移動」の確保であり、この自由をEC加盟国の国民に対して保障することにあわせて、EC加盟国以外の国民の出入国を管理する方法が問題となった（佐藤以久子　二〇一四年　六五頁）。一九八五年のシェンゲン協定、一九九〇年のシェンゲン履行協定によって、締結国間の国境審査が廃止され、同年の一九九〇年には現在のダブリン規則の原型となるダブリン条約が調印された。これは一九九二年に単一市場の確立を控えた時期だった（戸田　二〇〇八年　一九頁）。

このような背景のもとで、一九九三年、ドイツ連邦共和国基本法上の庇護権に対して、次のような制限が加えられた。

二　ただし、一九九〇年にはドイツ連邦共和国とドイツ民主共和国が「再統合」され、それ以降の数字には両領域の数が合算されていることに留意してほしい。

まず、基本法のなかに第十六ａ条が新設され、本書で何度もみてきた「政治的に迫害された者は庇護権を享受する」という旧来の第十六条第二項第二文は、この第十六ａ条の第一項に移された。そのうえで、同条第二項と第三項によって次のような制限が加えられた。

第二項　欧州諸共同体の加盟国、または難民条約と欧州人権条約の適用が保障されている他の第三国から入国する者は、第一項を援用できない。……

第三項　……法律によって、……政治的迫害も、非人間的または尊厳を損なうような処罰も処遇も行われていないと思われる国を定めることができる。その国からの外国人は迫害されていないと推定する。ただし、その外国人が、この推定に反して政治的に迫害されているという推定を根拠づける事実を提示する場合は、この限りではない。

条文にもあるとおり、原則として、①ヨーロッパ諸共同体の加盟国、②難民条約もしくは欧州人権条約の適用が保障されている他の第三国、③法律で定められた人道的な国のいずれかから入国する人が、庇護付与の対象から除かれたのだ。このような庇護権に対する制限は、従来の理念を狭めるものとして、大きな批判を呼んだ。

庇護権の縮小②

「庇護権の縮小」を表す第二の事象は、本書でも見てきた一九五三年の庇護法令を出発点として発展してきた庇護手続き制度のなかで、基本法上の庇護権のもつ意義がほとんど失われたというものである。

一九五三年の庇護法令の時点では、既に確認したとおり、庇護制度は難民条約によって難民の地位が認められる者に対して基本法上の庇護権を与えるものとして構想された。しかしその後には、庇護制度の発展のなかで、基本法上の庇護権に代わる庇護付与の根拠が法律によって整備された。その結果、メルケルが上述の発言を行った二〇一五年九月の時点では、庇護申請に基づいて法的地位を認める法的根拠は以下の四つとなっていた。

① 難民条約に基づく法的地位（庇護手続法[三]第三条第一項）

② 庇護権（基本法第一六a上第一項）[四]

三　現在では「庇護法」である。

四　庇護権（②）は、難民条約に基づく法的地位（①）が認められる者のうちの一部に対して与えられる。

③　補完的保護（庇護手続法[五]第四条第一項）

④　送還禁止の確認（滞在法第六〇条第五項または第七項）

すなわち、手続き上は、基本法上の庇護権に依らずとも、庇護を与えることができるのだ。

そのうえ、この四つのうち、基本法上の庇護権に基づいて法的地位が認められる割合は著しく低い。二〇一五年以前の数年間のデータを見ると約五パーセント前後であり、さらに近年では約三パーセント前後になっている（図6）。このように、基本法上の庇護権は、現在の庇護手続き制度において、ほとんど意義をもたなくなっているのだ。

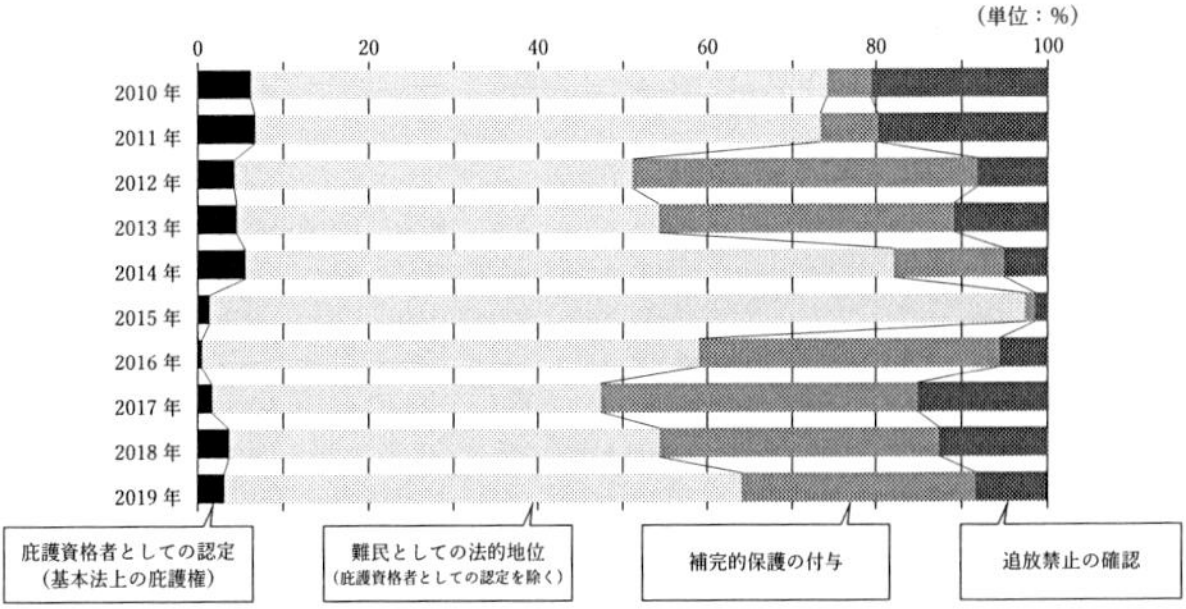

図 6. ドイツの庇護手続きで庇護付与に援用される法的根拠の割合
（ドイツ連邦移民難民庁の統計データ（Bundesamt in Zahlen）より筆者作成）

五　現在では「庇護法」である。

「反省からの寛容」

このように二つの観点から庇護権が縮小されていたにもかかわらず、二〇一五年の欧州難民危機に際して、メルケルはこの庇護権を、上限なく難民を受け入れるための根拠として持ち出したのだ。

その理由として、第一章で見たような「反省からの寛容」論によって、庇護権がドイツ連邦共和国の政治的な理念として支持されているという事情を認めるべきだろう。実際、欧州難民危機に際しての難民受入の背景として、ナチス時代に対する反省に言及する言説は多い。いくつか例を挙げよう。

戦争の終結後、勝利した勢力による脱ナチ化と、ホロコーストの計画と実行に対する責任のために、ドイツはその殺人的な過去を「振り返りながら進む」以外に選択肢はなかった。これは長く困難なプロセスだったが、ドイツ社会は、自らの歴史的な不正行為を認識し、それによって現在の難民の流入のような道徳的・政治的課題に立ち向かうことを学んできた。そして、アンゲラ・メルケル首相は、難民危機において、東ヨーロッパの全政治家の

面目を失わせるようなリーダーシップを発揮した。（WeLT Online (2015/9/13)）

メルケル氏が大勢の難民の受け入れを決めたのは3カ月前。ほかに選択肢はなかった。ドイツは緊縮を嫌がるギリシャをねじ伏せた。ここで難民を追い出せば「傲慢」という批判が強まる。それを避けたかったと、ある党幹部は首相の胸の内をおもんばかる。難民を受け入れれば国際貢献になる。かつてのナチス政権の行為に対する反省もある。結論は明らかだった。（日本経済新聞、二〇一五年一二月七日）

難民がミュンヘン中央駅で拍手とウェルカムポスターによって迎えられていた、二〇一五年の写真は忘れられない。ナチスの時代に多くの人々が避難したドイツが寛大でいることを、多くの人々が適切で善いことだと感じた。ドイツの「歓迎の文化」に対する国際的な称賛に完全に陶酔した人たちもいた。（Merkur Online (2020/8/18)）

第一章で説明したように、確かに、現代のドイツにおいて、庇護権や難民受入は、ナチスの過去に対する反省と関係づけられて説明される。そのため、メルケルによる強力な難民受入政策に同様の思想的な背景があったことは間違いないだろう。

しかし、本書の考察からわかるように、ドイツ連邦共和国の庇護権は、単に難民受入の純然たる理念としてのみ存在していたわけではない。むしろ、その成立過程において、庇護権は、難民を受け入れるという主張と、ドイツ人を守るという主張の双方によって正当化されていた。すなわち、庇護権はその当初から、他者に対する寛容と自己を守ろうとする熱意とともに存在していたのだ。

難民という政治的な課題は、往々にしてこの二つの主張の間で揺れ動く。もちろん二〇一五年の難民危機に端を発したドイツ政治の展開も例外ではない。

AfDと二つの極

二〇一五年以降のドイツ政治の展開を語るうえで、AfDという極右政党の台頭を外すことはできない。この政党は、二〇〇九年のギリシア経済危機に端を発するユーロ危機に際して、ドイツが多額の資金援助を行うことに反発し、二〇一三年に創設された。そのため、AfDの党是は、反EUという側面が強い。一般に反難民と言われることもあるが、二〇一五年以降のドイツ難民政策に対する立場も、正確には反ＥＵである。

ＡｆＤが脚光を浴びたのは、二〇一七年に行われた連邦議会選挙である。この選挙において、ＡｆＤは初めて議席を獲得し、ＣＤＵ／ＣＳＵ統一会派、ＳＰＤに続いて、第三党になった。この選挙は、ＡｆＤの躍進に伴って、ＣＤＵ／ＣＳＵ統一会派が前回の三一一議席から二四六議席に、ＳＰＤが前回の一九三議席から一五三議席にと、大幅に議席を減らしたこともあり、ドイツ全土に大きな衝撃を与えた。

この政党は、この二〇一七年の連邦議会選挙にあたって、次のような主張を掲げていた。

> 個人に対する保護と庇護の保障は、一九四九年に迫害された個々人に対して創設された。この保障は、大量のグローバル化した移動という今日の条件では、不可能なものを約束している。その保障は維持できない。
>
> ＡｆＤの目標は、我々の国家と国民の、自己破壊ではなく自己保存である。（AfD 2017: 38）

ここでは明確に、基本法上の庇護権という難民保護の理念と、ＡｆＤの掲げる「国家と国民の…自己保存」が対照的に掲げられている。

戦後の両極性の端緒としての庇護権

だが、このような両極性は、二〇一五年の難民危機以降にのみ見られる現象ではない。むしろ、ドイツの歴史と伝統に深く埋め込まれたものだ。社会学者のハーマン・カーソンはすでに一九九五年の論文「交差点に立つドイツ：ナショナル・アイデンティティと移民の挑戦」でこのように書いている。

一九世紀と二〇世紀の両方において、ドイツの歴史は、政治的境界の移動、領土の拡大と縮小によって特徴づけられた。これらの変化は、国民性の定義における両極端な位相と相関している。すなわち、一方は広く包摂的な位相であり、他方は狭く排他的な位相である。移民と国民性に関する現在の問題は、国家建設の起源にまで遡る。その問題は、国民国家という排他的な概念、共和国という包摂的な概念、個人の人権と市民権という普遍的な原則との間の未解決の矛盾を反映している。すなわち、厳格に解釈された市民権の規制とリベラルな庇護法の間の矛盾、そして国民の同質性という公的な観念と、移民や難民の移動によって生じた多様性の増大との間の矛盾である。予期せざる統一の帰結、特に移民の増加は、国民性という排他的・包摂的な観念の間に存在してきた緊張を強めることになった。(Kurthen 1995: 914)

上で見てきたメルケルの宣言やＡｆＤの主張の展開こそ、ここでカーソンが描く「緊張関係」が現在したものだ。

第二次世界大戦後のドイツ連邦共和国の歴史において、「難民」という問題は非常に重要なトピックであることは間違いない。そして、その始原にはドイツ連邦共和国基本法に規定された庇護権が存在している。本書を通じて考察してきたとおり、庇護権は、それが誕生したときから既に両義的な存在であった。すなわち、庇護権というドイツの特異な権利は、その誕生当初から現在に至るまで、他者への寛容と自己の防衛という両極によって成立する「緊張関係」の舞台であり続けているのだ。

あとがき

国境を越えてきたのは、もはや個々の迫害された個人ではなく、ある民族集団全体だった。この瞬間、自動的に難民は国家なき人々（Staatenlose）に変わった。この変化は、ある意味では庇護法＝権（Asylrecht）の崩壊を意味した。……庇護法＝権とはすなわち、ある国家の権力の及ぶ範囲を出た難民に対して、自動的に他の国家共同体の保護が開かれ、それによって、人間が完全に法＝権利のない状態になったり、あるいはあらゆる法律の外に置かれたりすることが妨げられていたということを示している。この庇護法＝権は、国民国家からなる世界においては、もはや法＝権利ではなく、黙認のみに基づいている。この黙認は、決して人権宣言ではなく、慣習と伝統に立脚しているものだ。庇護法＝権利が法＝権利ではなく黙認に基づいているということは、庇護法＝権が現代のいかなる憲法にも成文法として存在せず……、国際連盟規約によっても国際連合憲章によっても……言及さえされていないことを見れば、おそらく認識できるだろう。（Arendt 1986 [1955]: 584-589）

本書のもととなる研究は、ハンナ・アーレントの庇護法＝権に関するこの議論を出発点としている。この「国民国家の没落と人権の終焉」における彼女の議論は、筑波大学在学中に、当時の指導教員であった葛山泰央先生にご紹介いただいたものだ。卒業論文では一八世紀末〜一九世紀初頭のフランスを扱っていた。それゆえ、二〇世紀のとりわけドイツという問題は、卒業論文で展開した私の問題関心を〈現在〉に繋げるために必要な、積み残された課題だった。アーレントの論じる「庇護権の崩壊」を現代との繋がりのなかでいかに理解するか、これが大学院に入って最初に取り組んだ問題だった。結果として、アーレントの議論に対して、第二次世界大戦後のドイツにおけるいわば「庇護権の再建」を考察することにした。その成果が修士論文でありまた本書である。

修士論文を書き上げた二〇一五年は、欧州難民危機の年でもあった。この難民危機に私自身の問題関心が変わるということはなかったが、このテーマに社会的な関心が集まったことは間違いない。このことと、幸運なことに三重大学出版会から「日本修士論文賞」というありがたい賞を頂けたことも、無関係ではないだろう。

一　筑波大学社会・国際学群社会学類に提出した卒業論文は「近代におけるアジールの概念——市民の理念と人民の分割——」という題で、フランス革命期に「アジール asile」という語が①外国人に対する〈庇護〉と②精神病者に対する〈隔離〉という二つの制度を表すものとして使われていたことに着目し、それがともに当時の「市民」をつくりあげるというプロジェクトにおいて類似した機能を果たしていたという考察を試みた。

しかし、この賞をいただいてから、出版までに五年以上もかかってしまった。これは、書き下ろしの「結章」をなかなかまとめることができなかったからだ。もちろんこれは私の怠惰と力不足の故だが、あの「難民危機」という衝撃的な一連のできごとによって引き起こされた様々な混乱を視野に収めながら、遠く離れたように見える自身の研究と繋げるという作業は、率直に言って非常に難しかった。

研究によって社会の関心に応えるべし――これは指導教員である市野川容孝先生から常々ご教授いただいていることだ。成功したとは言えないかもしれないが、苦心しながらも実践する機会を得られたことは、今後の人生を考えても非常にありがたいと感じている。

このような流れのなかで書かれたものが本書である。おそらく、読者の多くは「庇護権」ではなく「難民」というテーマに興味をもって、本書を手に取ってくださったのだろう。そんな方々に対しても、(もちろん「難民」もキーワードのひとつではあるが)「庇護権」という非常にマニアックな主題をあつかう本書が、思考を深める一助となれば幸いである。

二〇二一年一月二九日　千葉県我孫子市の自宅にて

謝辞

本書は、三重大学出版会主催・第一四回日本修士論文賞の副賞として出版された。経験も実績も乏しい私のような学生に、文字通りの意味でありがたい機会を与えてくださった。まずは故・濱森太郎先生・船原美和子先生をはじめとする出版会の方々に御礼申し上げたい。

修士論文の執筆にあたって、東京大学大学院総合文化研究科・市野川容孝先生に、指導教員という立場から、あらゆる面から厳しくも親身にご指導を賜った。私自身の怠慢と力不足で五年もかかってしまったが、本書を出版までもっていくことができたのは、間違いなく先生の指導のおかげである。

くわえて、法政大学の佐藤成基先生にも非常にお世話になった。国家論研究会や個人的な面談のなかで、非常に重要な指摘をいただいたり、参照すべき文献をご紹介いただいたりした。

東京大学・森政稔先生、福岡安都子先生には、論文審査の副査として論文をお読み頂いた。中間報告会と口頭試問の折には、私には到底思い浮かばないような鋭いご指摘をいただいた。森政稔先生は先生の論文の中で学生でしかない私の研究に言及してくださった。同・佐藤俊樹先生、山本泰先生にはゼミを通じて難解ながらも有益なコメントをいただいた。

また、久留米大学・石川捷治先生には、東京都内で行われた先生のゼミ合宿に参加させていただいて以来、非常にお世話になっている。九州の政治学系の研究会で報告するという、二重の意味で大変貴重な機会を与えていただいた。

大学院の同期や先輩にも多くの助言をいただいた。特に、東悠介氏、朴彗原氏、阿部崇史氏、武内建人氏、申惠媛氏、樋口あゆみ氏、網谷壮介氏、坂井晃介氏、松村和志氏には、非常にお世話になった。

学部時代にお世話になった人々も、私の研究にとって欠くことはできない存在である。筑波大学社会・国際学群社会学類の葛山泰央先生には、卒業論文の執筆にあたってご指導を賜った。先生にご指摘いただいた論点にはまだ解決できていないものも多いので、これからも引き続き考えていこうと考えている。

同・奥山敏雄先生、野上元先生、五十嵐泰正先生、土井隆義先生にはゼミでお世話になった。特に、奥山先生は、大学院ゼミに参加して卒業論文の構想を発表する機会を与えてくださった。また、五十嵐先生には今でも大学の外で非常にお世話になっている。

葛山先生、奥山先生、野上先生、五十嵐先生には、大学に残るというキャリアパスを選択するうえで、また東京大学の大学院を受験するうえで、非常に多くの有益な助言をいただいた。

学部時代には社会学の院生が主宰する読書会で多くを学ばせていただいた。大学に入りたての頃に社会学の初歩の初歩を教えてくださったのもこの読書会である。読書会の参加メンバー、特に当時院生だった永田大輔氏、高口僚太朗氏、岡村逸郎氏、川村智樹氏、古謝貴史氏、また同期の新井大樹氏には大変お世話になった。

ここで挙げた方々以外にも非常に多くの方の世話になりながら研究を続けてきた。紙幅の都合で名前を挙げることができず大変恐縮ながら、合わせてここで御礼申し上げたい。

最後に、謝辞として非常に月並みではあるが、いつも私を暗に明に支えてくれている父・母・妹には、格別の感謝をここに申し添えたい。

BverfGE: Entscheidungen des Bundesverfassungsgerichts.
SJ: Statistisches Jahrbuch für Bundesrepublik Deutschland, Statistisches Bundesamt (W. Kohlhammer: Stüttgart: Köln), 1951-1955.

記事

RP Online (2015/9/11): Bröcker, Michael & Quadbeck, Eva, "Grundrecht auf Asyl kennt keine Obergrenze": Interview mit Bundeskanzlerin Angela Merkel, https://rp-online.de/politik/deutschland/angela-merkel-das-grundrecht-auf-asyl-kennt-keine-obergrenze_aid-9533771 (Last Viewed: 2020/9/6).
WeLT Online (2015/9/13): Gross, Jan T., Die Osteuropäer haben kein Schamgefühl, https://www.welt.de/debatte/kommentare/article146355392/Die-Osteuropaeer-haben-kein-Schamgefuehl.html (Last Viewed: 2020/9/6).
日本経済新聞（2015 年 12 月 7 日）「メルケル首相１０年揺れるドイツ（上）「欧州の女王」続く試練――長期ビジョンに弱み。」、朝刊 p. 7。
Merkur Online (2020/8/18): Amtmann, Katarina, Fünf Jahre nach der Flüchtlingskrise: Politologe warnt vor Fehler - „Das schafft Probleme “, https://www.merkur.de/politik/asyl-fluechtlingskrise-deutschland-2015-integration-zuwanderung-abschiebung-europa-politik-zr-90020167.html (Last Viewed: 2020/9/6).

UNHCR (2001)『世界難民白書 2000——人道行動の 50 年史——』時事通信社。

UNHCR (2015) Asylum Trends 2014: Levels and Trends in Industrialized Countries.

UNHCR (2016) Global Trends 2015: Forced Displacement in 2015.

和田仁孝編 (2006)『法社会学』法律文化社。

横井正信 (2020)「難民問題とドイツキリスト教民主・社会同盟（CDU/CSU）における党首交代」『福井大学教育・人文社会系部門紀要』第 4 巻、pp. 113-173。

Zink, Karl F. (1962) Das Asylrecht in der Bundesrepublik Deutschland nach dem Abkommen vom 28. Juli 1951 über die Rechtsstellung der Flüchtlinge unter besonderer Berücksichtigung der Rechtsprechung der Verwaltungsgerichte, Roth, Nürnberg.

一次資料

BGBl.: Bundesgesetzblätter.

BT-PP: Bundestag Plenarprotokolle.

- 1. Wahlperiode
- 2. Wahlperiode
- 3. Wahlperiode

PR: Der Parlamentarische Rat 1948-1949: Akten und Protokolle (Boppard am Rhein: Boldt).

- Bd. 5: Ausschuss für Grundsatzfragen; 2 Teilbände; 1993; bearbeitet von Eberhard Pikart und Wolfram Werner.
- Bd. 14: Hauptausschuß; 2 Teilbände; 2009; bearbeitet von Michael F. Feldkamp.

Seeger, Roland (1969) „Das Asylrecht als Menschemrecht“, in: Veiter, Theodor (Hrsg.), Asylrecht als Menschenrecht: Flüchtlingsfragen im Weltjahr der Menschenrechte (Abhandlungen zu Flüchtlingsfragen Bd. 5), S. 1-17, Wilhelm Braumüller, Wien.
昔農英明 (2014)『「移民国家ドイツ」の難民庇護政策』慶應義塾大学出版会。
昔農英明 (2017)「難民受入をめぐる移民政策の変容——排除と包摂のはざまで」、小井土彰宏編『移民受入の国際社会学——選別メカニズムの比較分析』名古屋大学出版会。
芹田健太郎 (2000)『亡命・難民保護の諸問題 I　庇護法の展開』北樹出版。
島田征夫 (1983)『庇護権の研究』成文堂。
島田征夫編 (2011)『国際法学入門』成文堂。
塩川伸明 (2008)『民族とネイション——ナショナリズムという難問——』岩波新書。
Starck, Christian (Hrsg.) (1999) Das Bonner Grundgesetz Kommenter, 4. Aufl., Bd. 1, Verlag Franz Vahlen, München.
滝澤三郎＆山田満編著 (2017)『難民を知るための基礎知識政治と人権の葛藤を越えて』明石書店。
田村光彰 (1996)「ドイツの難民国外追放と基本法第 16 条改正——個人の亡命権変じて国家の恩赦権に——」『北陸大学紀要』第 20 号、pp. 311-323。
戸田五郎 (2008)「欧州庇護政策の現状と課題」『世界法年報』第 27 号、pp. 17-42。
辻村みよ子 (1989)『フランス革命の憲法原理——近代憲法とジャコバン主義——』、日本評論社。

106-112.
Poutrus, Patrice G. (2019) Umkämpftes Asyl: Vom Nachkriegsdeutschland bis in die Gegenwart, Ch. Links Verlag, Berlin
Quaritsch, Helmut (1985) Recht auf Asyl: Studien zu einem mißdeuteten Grundrecht, Duncker & Humblot, Berlin.
Riedel, Lisa & Schneider, Gerald (2017) „Dezentraler Asylvollzug diskriminiert: Anerkennungsquoten von Flüchtlingen im bundesdeutschen Vergleich, 2010-2015 “, in: Politische Vierteljahresschrift; 58 (1), S. 23-50.
Sachs, Michael (Hrsg.) (2003) Grundgesetz Kommentar, 3. Aufl., Verlag C.H. Beck, München.
佐藤以久子 (2013)「EU 基本権憲章上の庇護権――解釈と庇護関連指令を含む国内適用――」坂元茂樹＆薬師寺公夫編『普遍的国際社会への法の挑戦――芹田健太郎先生古稀記念――』信山社、pp. 169-207。
佐藤以久子 (2014)「欧州共通の庇護制度（CEAS)」『桜美林論考　法・政治・社会』第 5 巻、pp. 63-81。
佐藤成基 (2004)「国民国家とは何か」『茨城大学政経学会雑誌』第 74 号、pp. 27-43。
佐藤成基 (2008)『ナショナル・アイデンティティと領土――戦後ドイツの東方国境をめぐる論争――』新曜社。
佐藤成基 (2013)「ドイツの排外主義」駒井洋監修・小林真生編『移民・ディスアポラ研究 3　レイシズムと外国人嫌悪』明石書店、pp. 136-147。
佐藤成基 (2014)『国家の社会学』青弓社。
佐藤成基 (2017)「国民国家と外国人の権利　－戦後ドイツの外国人政策から」『社会志林』第 63 巻第 4 号、pp. 59-97。

代社会と人間への問い――いかにして現在を流動化するのか？――』せりか書房。
Münch, Ursula (1993) Asylpolitik in der Bundesrepublik Deutschland: Entwicklung und Alternativen, 2. Aktualisierte Aufl., Leske + Budrich, Opladen.
内藤直樹＆山北輝裕編 (2014)『社会的包摂／排除の人類学――開発・難民・福祉――』昭和堂。
中坂恵美子 (2010)『難民問題と『連帯』――EUのダブリン・システムと地域保護プログラム――』東信堂。
Noiriel, Gérard (1991) La tyrannie du national: le droit d'asile en Europe (1793-1993), Calmann-Lévy, Paris. (= Lossos, Jutta & Johannes, Rolf (übers.) (1994) Die Tyranni des Nationalen: Sozialgeschichite des Asylrechts in Europa, zu Kampen Verlag, Lüneberg.)
小田博志 (2008)「難民――現代ドイツの教会アジール――」、春日直樹編、『人類学で世界をみる――医療・生活・政治・経済――』ミネルヴァ書房、pp. 149-168。
大鷹節子 (1992)『チェコとスロバキア――歴史と現在――』サイマル出版会。
Poutrus, Patrice G. (2009) „Zukunft im Nachkriegsdeutschland: Politik und Praxis der Flüchtlings-aufnahme in Bundesrepublik und DDR von den späten 1940er bis zu den 1970er Jahren “, in: Geschichte und Gesellschaft, 35. Jahrgang, Heft 1, S. 135-175.
Poutrus, Patrice G. (2010) “The Right to Asylum in West Germany: Refugee Policies in the Federal Republic of Germany, 1949–1975” , in: Rainer Huhle (ed.), Human Rights and History: A Challenge for Education, Stiftung “Erinnerung, Verantwortung und Zukunft” , Berlin, p.

石田勇治 (2002)『過去の克服――ヒトラー後のドイツ』白水社。
加藤節 (1994)「国民国家と難民問題」加藤節&宮島喬編『難民』東京大学出版会、pp. 1-20。
川崎修 (2014)『ハンナ・アレント』講談社学芸文庫。
Kimminich, Otto (1968) Asylrecht, Luchterhand, Berlin
近藤潤三 (2013)『ドイツ移民問題の現代史――移民国への道程――』木鐸社。
Kortländer, Paul (2012) Die Verbindlichkeit der völkerrechtlichen Altverträge der Mitgliedstaaten für die EU: eine Untersuchung am Beispiel der Asylpolitik, Lit-Verlag, Berlin.
Kunig, Philip (Hrsg.) (2000) Grundgesetz-Kommentar, Aufl. 5, Bd. 1, C. H. Beck Verlag, München.
Kurthen, Hermann (1995) Germany at the Crossroads: National Identity and the Challenges of Immigration, The International Migration Review, Vol. 29, No. 4, pp. 914-938.
栗城壽夫 (2012)「ドイツ基本法（憲法）の成立と展開」『聖学院大学総合研究所紀要』No. 52、pp. 40-76。
Marx, Reinhard (1984) Eine menschenrechtliche Begründung des Asylrechts: Rechtstheoretische und -dogmatische Untersuchungen zum Politikbegriff im Asylrecht, Nomos-Verlagsgesellschaft, Baden-Baden.
Marx, Reinhard (1991) Asylrecht (Rechtsprechungssammlung mit Erläuterungen Bd. 2), Nomos, Baden-Baden.
Marx, Reinhard (Hrsg.) (2012) Ausländer- und Asylrecht: Verwaltungsverfahren, Nomos, Baden-Baden.
森政稔 (2015)「社会思想史の空間論のために」内田隆三編『現

Bundesamt für Migration und Flüchtling (2016) Bundesamt in Zahlen: Asyl, Migration und Integration.

Emscheimer, Arthur (1969) „Asylrecht zwischen Gestern und Morgen: Gedanken zur Asylfrage “, in: Veiter, Theodor (Hrsg.), Asylrecht als Menschenrecht: Flüchtlingsfragen im Weltjahr der Menschenrechte (Abhandlungen zu Flüchtlingsfragen Bd. 5), Wilhelm Braumüller, Wien, S. 87- 93.

Foucault, Michel (1972) Histoire de la folie à l'âge classique, Gallimard, Paris.

Fröhlich, Daniel (2010) Das Asylrecht im Rahmen des Unionsrechts: Entstehung eines föderalen Asylregimes in der Europäischen Union, Mohr Siebeck, Tübingen.

Goffman, Erving (1961) Asylums: Essays on the Social Situation of Mental Patients and Other Inmates, Anchor Books, New York.

墓田桂 (2016)『難民問題　イスラム圏の動揺、EU の苦悩、日本の課題』中公新書。

Harbermas, Jürgen (1996) Die Einbeziehung des anderen: Studien zur politischen Theorie, Suhrkamp, Frankfurt am Main.（＝高橋昌行訳『他者の受容――多文化社会の政治理論に関する研究――』法政大学出版会。）

本間浩 (1985)『個人の基本権としての庇護権』勁草書房。

本間浩 (2003)「ドイツにおける難民保護と難民庇護手続法」『外国の立法』No. 216、pp. 66-76。

本間浩 (2005)『国際難民法の理論とその国内的適用』現代人文社。

市野川容孝 (2007)「難民とは何か」市野川容孝＆小森陽一『思考のフロンティア　難民』岩波書店、pp. 73-176。

参考文献一覧

AfD (2017) Programm für Deutschland: Wahlprogramm der Alternative für Deutschland für die Wahl zum Deutschen Bundestag am 24. September 2017.

Anderson, Benedict (1983) Imagined Communities: Reflections on the Origin and Spread of Nationalism, Verso, London.（＝白石さや＆白石隆訳 (1997)『増補 想像の共同体――ナショナリズムの起源と流行――』NTT 出版。）

Arendt, Hannah (1986 [1955]) Elemente und Ursprünge totaler Herrschaft, Piper Verlag, München.（＝大久保和郎訳 (2017a)『新版 全体主義の起原 1 反ユダヤ主義』みすず書房；大島通義＆大島かおり訳 (2017b)『新版 全体主義の起原 2 帝国義』みすず書房；大久保和郎＆大島かおり訳 (2017c)『新版 全体主義の起原 3 全体主義』みすず書房。）

Bade, Klaus (1994) Ausländer, Aussiedler, Asyl, C.H. Beck Verlag, München.

Betts, Alexander & Loescher, Gil & Milner, James (2012) The United Nations High Commissioner for Refugees (UNHCR): The Politics and Practice of Refugee Protection into the 21st Century, 2nd edition, Routledge, London.

Brubaker, Rogers (1992) Citizenship and Nationhood in France and Germany, Harvard University Press, Cambridge.（＝佐藤成基＆佐々木てる監訳 (2005)『フランスとドイツの国籍とネーション――国籍形成の比較歴史社会学――』明石書店。）

著者紹介　**安齋耀太**（あんざい・ようた）
1990 年　東京都葛飾区生まれ。千葉県我孫子市育ち。
2014 年　筑波大学社会・国際学群社会学類社会学主専攻卒業。
2016 年　東京大学大学院総合文化研究科国際社会科学専攻相関社会科学コース修士課程修了。
2021 年　同博士課程単位取得後満期退学。
現、特定非営利活動法人 WELgee 理事。
専攻：社会学（法社会学・国際社会学）難民研究。

ドイツの庇護権と難民問題

発行日　2021 年 7 月 15 日
著　者　安齋耀太
発行者　濱　千春
発行所　三重大学出版会
〒514-8507　三重県津市栗真町屋町 1577
三重大学総合研究棟 II　3F
Tel/Fax 059-232-1356
印刷所　モリモト印刷株式会社
〒162-0813　東京都新宿区東五軒町 3-19

ISBN 978-4-903866-55-0　C3036　¥1,100E